未来に残す・児童文学作家と画家が語る戦争体験

あの戦争を忘れない

3

選録

あかね書房［編］

未来に残す・児童文学作家と画家が語る戦争体験　3

あの戦火を忘れない（選録）

この体験記は、太平洋戦争が終わって約三十年後に書かれたものです。子どものころ戦争を体験した人たちが、記憶《きおく》も鮮明《せんめい》で心の傷《きず》もまだ生々《なまなま》しいそのままにつづりました。

戦後八十年たつ現在《げんざい》では、使われない言葉やなじみのない言葉、差別的な表現《ひょうげん》もあります。けれど、そのとき伝えたかったことを大切にして、文章の変更《へんこう》はせずそのまま掲載《けいさい》しています。難《むずか》しい言葉には説明を入れました。

今こそ読んでほしい、未来に残したい体験記です。

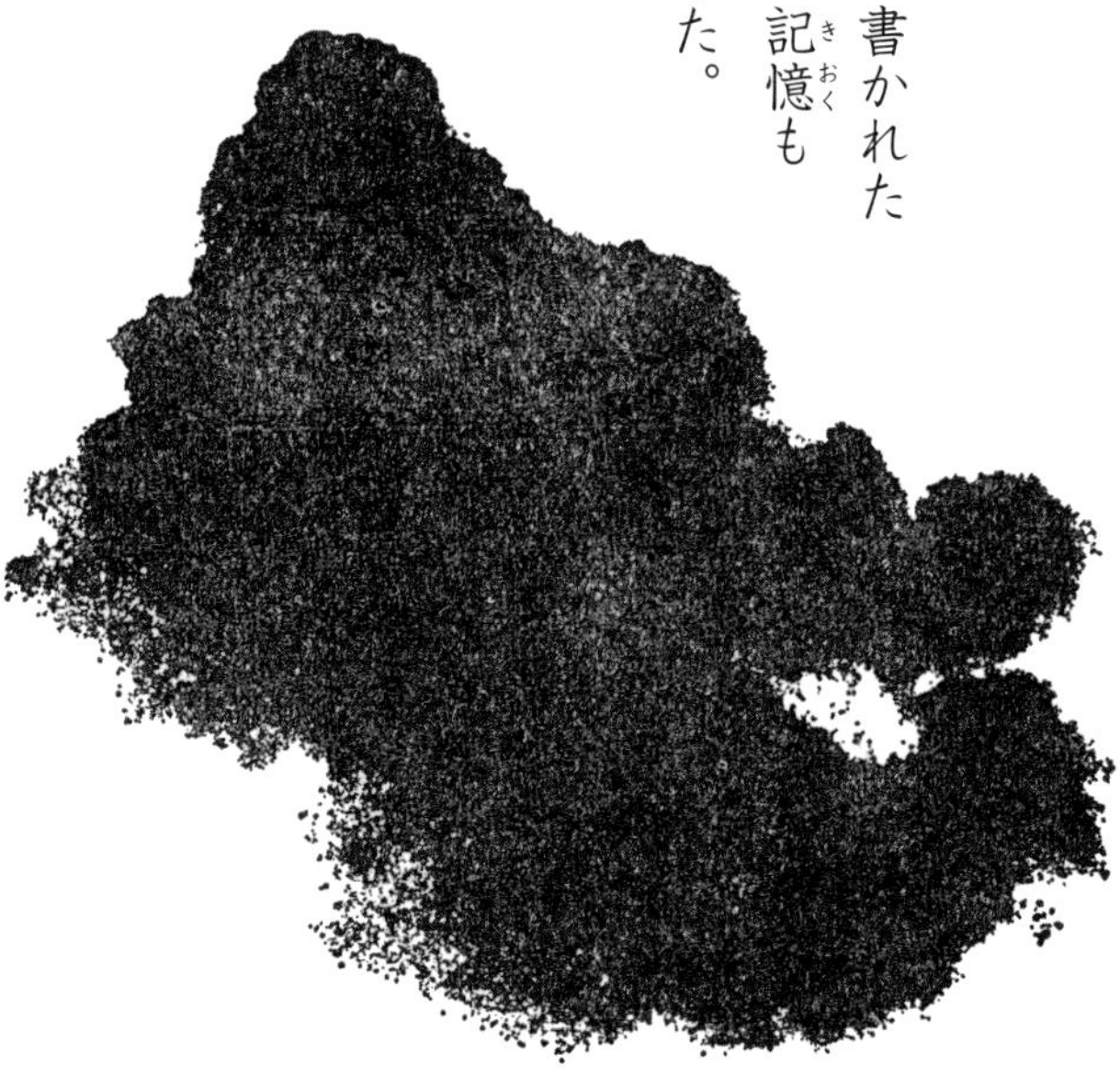

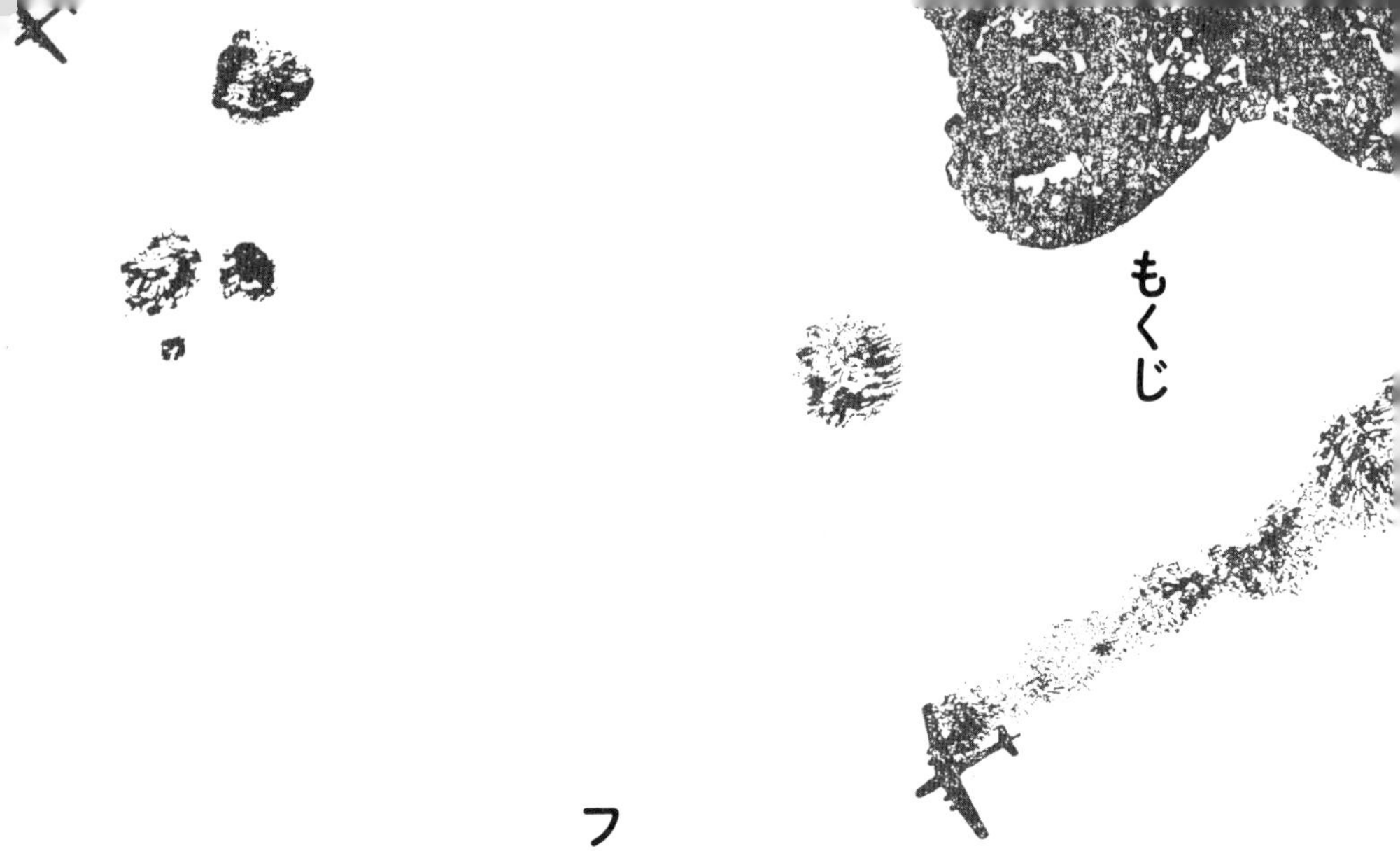

もくじ

資料《しりょう》・戦地となった場所 4
敗戦《はいせん》まで 今西祐行《いまにしすけゆき》 6
ハエと戦車《せんしゃ》と 長崎源之助《ながさきげんのすけ》 28
フィリピンの小さな島 斎藤博之《さいとうひろゆき》 46
資料《しりょう》・戦意高揚《こうよう》のための標語 47
この日、この時 北畠八穂《きたばたけやほ》 56
焼《や》け跡《あと》に敬礼《けいれい》 さねとうあきら 78
神風《かみかぜ》を信じて 早乙女勝元《さおとめかつもと》 107
激流《げきりゅう》をこえて 漆原智良《うるしばらともよし》 120

軍港のある町で　**上《うえ》野《の》瞭《りょう》**　142

執筆《しっぴつ》者《しゃ》紹介《しょうかい》　172

戦火の中の子どもたち　—あの日を忘《わす》れないで　山下《やました》明《はる》生《お》　174

表紙・カット　杉浦範茂
表紙・カット　赤坂三好
カット　太田大八
斎藤博之
梶山俊夫
長新太

戦地となった場所

太平洋戦争は、アメリカ、イギリス、オランダ、フランス、中国などの連合国を相手にした戦争です。けれど、その戦地となった場所は、おもにアジアの島々《しまじま》で、多くの民間人も犠牲《ぎせい》になりました。日本国内では沖縄で激《はげ》しい地上戦が行われました。戦闘《せんとう》が行われた地域《ちいき》をより具体的に示《しめ》すために「アジア太平洋戦争」と呼《よ》ぶこともあります。

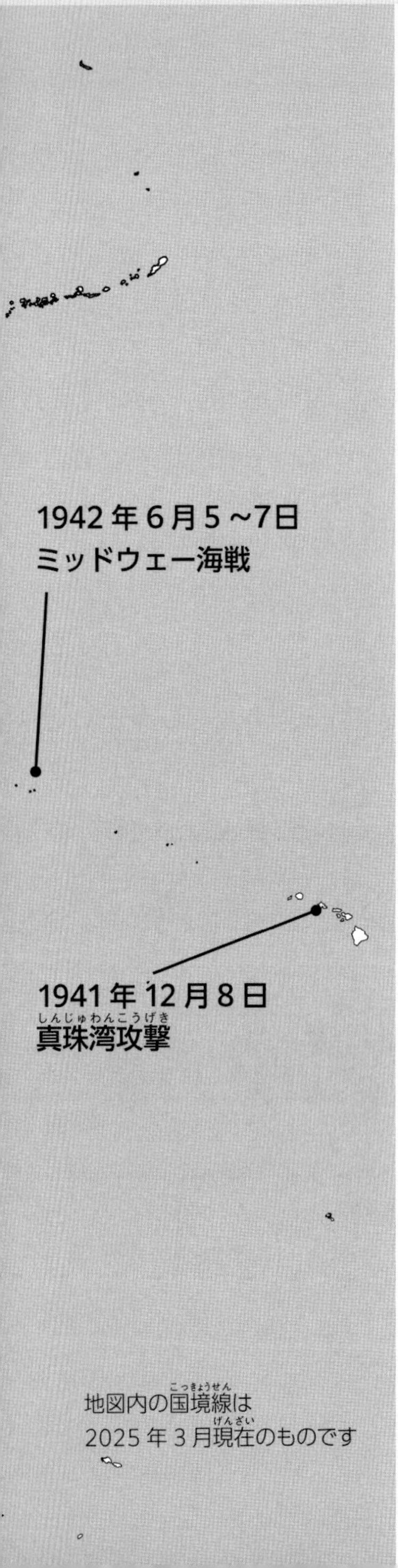

資料・戦地となった場所

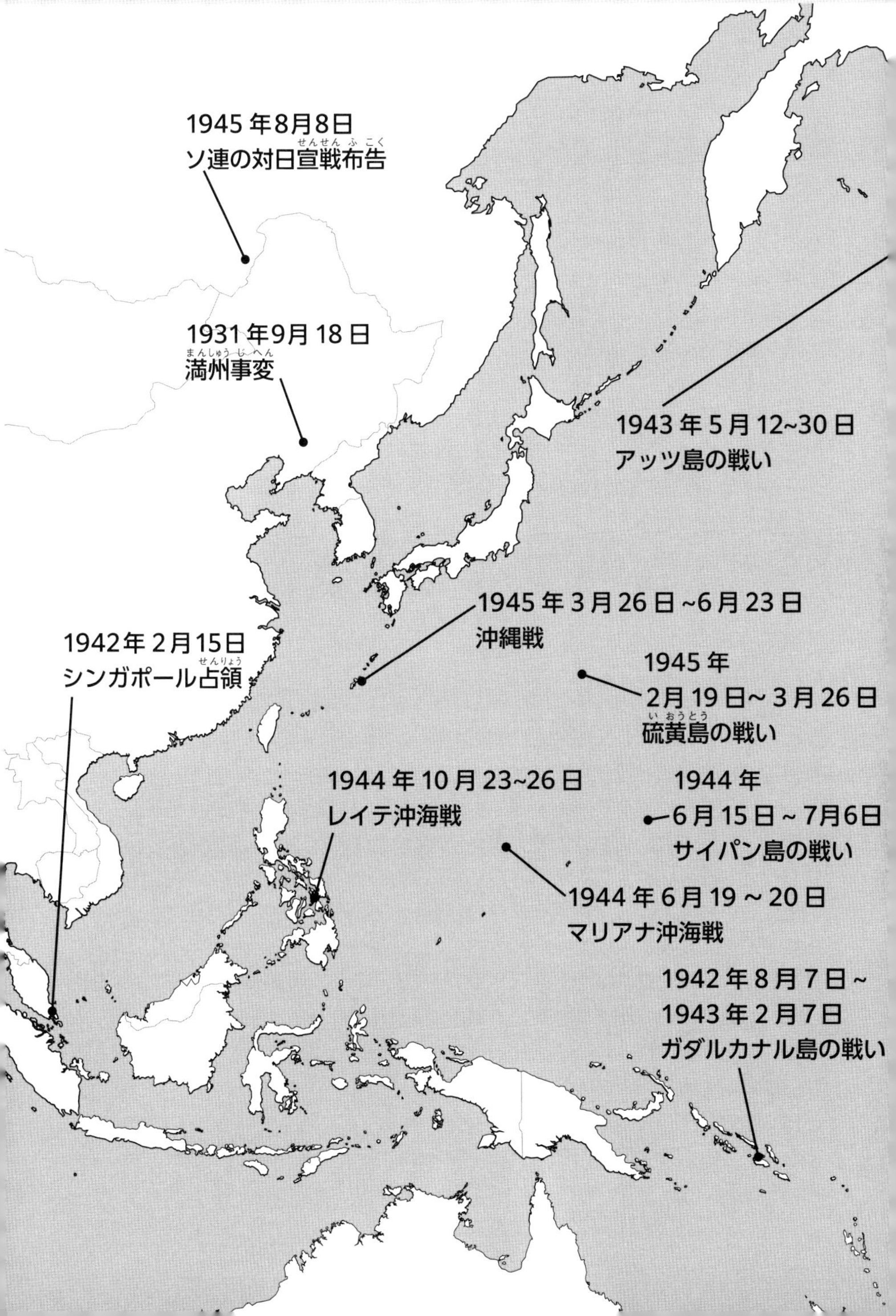

1945 年8月8日
ソ連の対日宣戦布告《せんせんふこく》
1931 年9月 18 日
満州事変《まんしゅうじへん》
1943 年 5 月 12~30 日
アッツ島の戦い
1945 年 3 月 26 日 ~6 月 23 日
沖縄戦
1942年 2月15日
シンガポール占領《せんりょう》
1945 年
2月 19 日~ 3 月 26 日
硫黄島《いおうとう》の戦い
1944 年 10 月 23~26 日
レイテ沖海戦
1944 年
6 月 15 日 ~ 7月6日
サイパン島の戦い
1944 年 6 月 19 ~ 20 日
マリアナ沖海戦
1942 年 8 月 7 日 ~
1943 年 2 月 7 日
ガダルカナル島の戦い

敗戦《はいせん》まで

今西祐行《いまにしすけゆき》

もしあのとき、というのは昭和十九年九月のことなのだが、ひとりのどろぼうにあっていなかったら、わたしはおそらく八月十五日を迎《むか》えることはなかっただろうし、現在《げんざい》こうして生きておれないにちがいない。どろぼうにあったといっても、そのどろぼうを見たわけでもなく、半年後にそのどろぼうはわたしの兵籍《へいせき》番号のはいった靴下《くつした》やふんどしを身につけていてつかまったらしいのだが、そのひとりのどろぼうのおかげで、わたしの運命は大きくカーブを描《えが》いたようである。

わたしは、いわゆる学徒出陣《がくとしゅつじん》のとき、昭和十八年十二月に大学一年生

兵籍《へいせき》番号
軍人としての身分をもつ人にあたえられる認識《にんしき》番号で、軍籍《ぐんせき》番号、軍番ともいい、身分証《みぶんしょう》や認識《にんしき》札、持ち物に入れられた

で海軍に入隊《にゅうたい》したのだが、大竹海兵団《おおたけかいへいだん》・土浦航空隊《つちうらこうくうたい》、鹿児島航空隊《かごしまこうくうたい》、館山砲術学校《たてやまほうじゅつがっこう》と、海軍の教育期間をすごし、十九年の九月にようやく卒業《そつぎょう》して、いよいよ南方の戦場《せんじょう》に行くべく、呉《くれ》の海兵団《かいへいだん》に転勤《てんきん》を命ぜられた。

呉《くれ》に行く者は十五、六人であったと思う。

海軍の転勤《てんきん》というのは、何月何日何時までに先方に到着《とうちゃく》せよというような命令ではない。何日何時当隊《とうたい》を出発したという書類《しょるい》を渡《わた》されるだけで、転勤《てんきん》先には「可及的速《かきゅうてきすみや》かに」到着《とうちゃく》すればよいのである。その間距離《きょり》によって異《こと》なるが、少しの余裕《よゆう》は大目に見られている。

千葉の館山《たてやま》から広島県の呉《くれ》までなら、一日くらいの余裕《よゆう》は浮《う》くのである。わたしたちは、東京に近い者は東京駅で、大阪に近い者は大阪駅で解散《かいさん》して最後の別《わか》れをすべくそれぞれ家に帰ったり、遠くて家に帰れない者は家族に電報《でんぽう》を打ってどこかで面会することにした。最終的には大阪駅で勢揃《せいぞろ》いして、何喰《く》わぬ顔して呉《くれ》に向かおうというわけであった。

わたしの家は奈良にあった。大きな荷物は一目で転勤途中《てんきんとちゅう》の海軍の軍《ぐん》

学徒出陣《がくとしゅつじん》
男性《だんせい》は二十歳《さい》になると徴《ちょう》兵検査《へいけんさ》を受け、合格者《ごうかくしゃ》は兵役《へいえき》につく義務《ぎむ》があったが、徴兵猶予《ちょうへいゆうよ》という制度《せいど》により大学や高等専門《せんもん》学校の学生や生徒（学徒《がくと》）は卒業するまで軍に入らなくてもよかった。戦争が長びき兵が不足し、昭和十八年（一九四三）年十二月、学生のまま兵士《へいし》となることになった

海兵団《かいへいだん》
軍港の警備《けいび》、兵の教育や訓練などのために陸に設《もう》けられた海軍の部隊

可及的速《かきゅうてきすみや》かに
できるだけ速く

人《じん》であることがわかってしまうので、大阪駅の一時預《あず》けに預《あず》けて道草にはいった。官給品《かんきゅうひん》のつまった荷物を一時預《あず》けすることに、少し不安があったが、見ると、そのような軍人の荷物がいっぱい預《あず》けられていたので安心して預《あず》けた。

家に帰るのは海軍にはいってはじめてだった。まだ一年もたっていなかったのに、まるで十年ぶりのような気持だった。それに、あるいは永《なが》の別《わか》れになるだろうことも充分《じゅうぶん》考えられたので、故里《ふるさと》の一木一草《いちもくいっそう》がなつかしかった。

半日を家にすごして大阪駅にもどるときには、家族や親戚《しんせき》の者まで見送りに来てくれた。

ところが、大阪駅にもどってみると、わたしの荷物だけがないのである。一時預《あず》けの係の駅員は女性《じょせい》だったが、

「私服憲兵《しふくけんぺい》の方が見えて、お持ちになりました。本人が来たら、ここへ来るように。」

官給品《かんきゅうひん》
政府《せいふ》や軍から支給《しきゅう》された物

永《なが》の別《わか》れ
死んで永久《えいきゅう》に会えなくなること

憲兵《けんぺい》
陸軍で軍事警察《けいさつ》をつかさどる兵。私服《しふく》で任務《にんむ》を行うこともあった。しだいに権限《けんげん》を拡大《かくだい》して民間人の思想取り締《し》まりをするようになった

といって、くしゃくしゃの紙切れを一枚渡《まいわた》された。

自分でもからだの血の気がさっと引いていくのがわかった。紙切れには、「大阪海軍経理部《けいりぶ》」と書いてあるだけである。でたらめである。だが行ってみないわけにはいかない。海軍の経理部《けいりぶ》などというものが、どこにあるのかわからない。乗り合わせる約束《やくそく》の汽車が出るまでにはもう一時間もなかった。尋《たず》ね尋《たず》ねて経理部《けいりぶ》というところへ行ってみたが、夜のことだし、守衛《しゅえい》さんがいただけである。大急ぎでまた大阪駅に引き返し、駅の中にある憲兵派出所《けんぺいはしゅつじょ》に行って尋《たず》ねてみた。

「盗難《とうなん》ですな。気をつけてもらわないとこまりますな。」

そういうだけで相手にもしてくれない。

汽車の時刻《じこく》は刻々《こくこく》とせまっていた。万事休《ばんじきゅう》す。わたしは最後に駅長室に行って、どういう文面であったか忘《わす》れたが、自分の意志《いし》で荷物を失《うしな》ったのではなく、駅が保管《ほかん》すべき品物を盗難《とうなん》によって失《うしな》ったものであるという駅長名の証明書《しょうめいしょ》を書いてもらって、汽車に乗った。

万事休《ばんじきゅう》す　できることが何もないこと、手おくれだが、民間人《みんかんじん》のそんな証明書《しょうめいしょ》が何の役に立つだろう。可及的速《かきゅうてきすみや》かに転《てん》勤《きん》先に向かわなければならない者が、半日《はんにち》も荷物を一時預《あず》けして自由行動をとったことが分《わか》れば、海軍刑務所《けいむしょ》行きであるかもしれないのだ。盗《ぬす》まれた荷物の中に、万一軍《まんいちぐん》機密《きみつ》にかかわる物があったら……最悪《さいあく》のことばかりが思い浮《う》かんだ。このままいっそう脱走《だっそう》しようか。そんなことも頭をかすめた。わたしはもう囚人《しゅうじん》そのものであった。

そんなわたしに、郷里《きょうり》で仕《し》入《い》れてきたという酒やぼたもちをとり出し、友人たちはなぐさめてくれた。大阪を夜に出る夜行列車は明け方呉《くれ》に着くはずであった。

このまま永遠《えいえん》に夜が明けないでくれないものだろうか。大事故《だいじこ》が起《お》こって列車がてんぷくしてくれないだろうかと、とり乱《みだ》した頭でそんなことばかりわたしは考えていた。

汽車は予定どおりの時刻《じこく》に呉《くれ》に着いた。わたしたちはそろって海兵団《かいへいだん》に到着《とうちゃく》して、当直将校《とうちょくしょうこう》に申告《しんこく》した。

機密《きみつ》
政治《せいじ》や軍事において、きわめて重要な秘密《ひみつ》

将校《しょうこう》
軍の階級のひとつ。戦闘《せんとう》部隊《ぶたい》の指揮《しき》や統率《とうそつ》にあたる幹部《かんぶ》

「……以下十六名、館山海軍砲術学校《たてやまかいぐんほうじゅつがっこう》より只今到着《ただいまとうちゃく》いたしました。事故者《じこしゃ》一名、その他異状《いじょう》ありません。」

引率者《いんそつしゃ》が申告《しんこく》すると、当直将校《とうちょくしょうこう》はじろりと一同を見わたした。

「事故者《じこしゃ》一名？　どうしたのじゃ。」

そこでわたしは一歩前進して、事の次第《しだい》を報告《ほうこく》しなければならなかった。

「みんな荷物を預《あず》けて転勤途中《てんきんとちゅう》に道草を喰《く》ったというわけだな。」

「いいえ、わたくしひとりであります。」

みんなに罪《つみ》を及《およ》ぼさないために、そういうのがせいいっぱいであった。

それ以来わたしは事故者《じこしゃ》となって、転勤《てんきん》を止められた。軍隊《ぐんたい》というところはいたって非合理《ひごうり》にできていたのである。たかが官給《かんきゅう》の衣服《いふく》を失っただけなのだから、すぐに支給《しきゅう》して前線《ぜんせん》に送ればよさそうなものなのに、そうはいかないらしかった。

一週間もしないうちに、いっしょに館山《たてやま》から転勤《てんきん》してきた友人たちは、

前線《ぜんせん》
戦場の、敵《てき》に直接《ちょくせつ》立ち向かっているところ

南方行きの輸送船《ゆそうせん》や、駆逐艦《くちくかん》に乗せられて、台湾《たいわん》やフィリピンに向かった。わたしが転勤《てんきん》止めになったばかりに、内地《ないち》の砲台勤務《ほうだいきんむ》を予定されていたひとりの友人は、わたしのかわりにラバウル航空隊《こうくうたい》に向かった。

わたしは海兵団《かいへいだん》でただごろごろ、防空壕《ぼうくうごう》掘《ほ》りなどの作業をしてすごすばかりであった。

それでも一か月ほどすると、わたしは軍需部《ぐんじゅぶ》に派遣《はけん》された。軍需部《ぐんじゅぶ》というのは、兵器《へいき》から衣服、食料、文具《ぶんぐ》、軍艦《ぐんかん》に補給《ほきゅう》する生鮮食品《せいせんしょくひん》まで、いっさいの海軍の用品をまかなう所である。軍需部《ぐんじゅぶ》は海兵団《かいへいだん》から川一つをへだてたところにあった。ものすごく大きな倉庫《そうこ》がいくつも並《なら》んでいて、その中には、気が遠くなるほどたくさんな兵器《へいき》、弾薬《だんやく》・衣類《いるい》、食料がつめこまれていた。

この戦争はやがて負けるだろうとバク然と考えていたわたしも、この莫大《ばくだい》な物資《ぶっし》を見て、まだまだ大丈夫《だいじょうぶ》かなと、帝国海軍《ていこくかいぐん》の底力《そこぢから》を信じるほどだった。そろそろアメリカ軍の空襲《くうしゅう》がはじまっていた。そして、その

駆逐艦《くちくかん》
ミサイルや魚雷《ぎょらい》・爆雷《ばくらい》などを載《の》せられる比較的《ひかくてき》小《こ》型《がた》の海軍艦船《かんせん》

砲台《ほうだい》
大砲《たいほう》などの火器

ラバウル航空隊《こうくうたい》
現在《げんざい》のパプアニューギニアのラバウル基地《きち》から戦《せん》闘《とう》に参加した、日本陸海軍の航空隊《こうくうたい》

防空壕《ぼうくうごう》
崖《がけ》や斜面《しゃめん》をほるなどして作られた、避難《ひなん》するための穴《あな》や建築物《けんちくぶつ》

空襲《くうしゅう》
飛行機をつかい爆弾《ばくだん》を落とすなどして攻《せ》めること

莫大《ばくだい》な量の物資《ぶっし》を疎開《そかい》させなければならない。そのために人夫《にんぷ》のかわりに召集《しょうしゅう》された兵隊《へいたい》が、毎日たくさん海兵団《かいへいだん》から派遣《はけん》される。その作業員《さぎょういん》の割《わり》あてをするのがわたしの仕事であった。日やとい労務者《ろうむしゃ》に仕事の割《わ》りふりをする職業安定所《しょくぎょうあんていじょ》のような仕事である。

「明日はわたしの方へ百名派遣《はけん》してつかえ。」

などと前日に軍需部《ぐんじゅぶ》の各課《かくか》から注文《ちゅうもん》がくる。それにしたがって割《わ》りふればいいのだが、だんだん派遣《はけん》される作業員《さぎょういん》の数が減《へ》ってきた。すると、

「なんとか、明日は百五十名まわしてくださらんか。よろしく願いますよ。」

そういって、とっくに世間《せけん》からは姿《すがた》を消《け》したようかんやウィスキーを持ってたのみにくる。

わたしのいた派遣隊事務所《はけんたいじむしょ》の所長は十四歳《さい》から海軍のめしを食っているという年寄《としよ》りの少尉《しょうい》であった。かれはわたしに、そのつけとどけられる品の多少によって、作業員《さぎょういん》の数をきめさせるのである。事務所《じむしょ》にはそ

疎開《そかい》
空襲《くうしゅう》からのがれるため、安全な地方の農村などに移《うつ》り住んだり、財産《ざいさん》を避難《ひなん》させること

人夫《にんぷ》
力仕事をする労働者

日やとい労務者《ろうむしゃ》
一日単位の契約《けいやく》でやとわれる労働者。特に、職業安定所《しょくぎょうあんていじょ》の紹介《しょうかい》で、土木工事などをする労働者

少尉《しょうい》
軍の階級のひとつ。兵の指揮《しき》をとる武官《ぶかん》の中では一番下の位で、少尉《しょうい》以上の位の者を士官《しかん》と呼《よ》ぶ

うして不正につけとどけられた物がごろごろしていた。勤《つと》め人のように毎日夜になると外出は自由であった。しかし、外出してももう呉《くれ》の町には何も楽しいことはなかった。それでも所長の少尉《しょうい》は大きなカバンを持って毎日せっせと外出した。うわさに聞くと、カバンには世間になくなった品々《しなじな》がはいっていて、それを闇《やみ》に流してお金をためているということであった。

作業員《さぎょういん》の仕事は、物資《ぶっし》の疎開《そかい》だけではなかった。南方から帰ってくる空母《くうぼ》や潜水艦《せんすいかん》があると、荷役《にやく》に出かけるのである。そのころの空母《くうぼ》や潜《せん》水艦《すいかん》は、南方から航空燃料《こうくうねんりょう》にする砂糖《さとう》を積んで帰ってきた。わたしも作《さ》業員《ぎょういん》といっしょに何度か空母《くうぼ》に行ったが、飛行機が積みこまれているはずの広い何階にもなった格納庫《かくのうこ》に、大きな袋《ふくろ》につめられた砂糖《さとう》がぎっしりつまっていた。召集《しょうしゅう》されて来たばかりの作業員《さぎょういん》の兵隊《へいたい》たちは、目をかがやかして砂糖袋《さとうぶくろ》をなめていた。こぼれた砂糖《さとう》をポケットにつめているのがみつかって、手をしばられて棒《ぼう》で打たれる者もいる。昔のどれいを

闇《やみ》に流して
物資《ぶっし》を定められた販路《はんろ》を通さず、不正なルートでひそかに売ること

空母《くうぼ》
航空母艦《こうくうぼかん》の略《りゃく》。航空機《こうくうき》を乗せ、海上での航空基《こうくうき》地《ち》の役割《やくわり》をする軍艦《ぐんかん》

潜水艦《せんすいかん》
水中航行《こうこう》が可能《かのう》な軍艦《ぐんかん》

荷役《にやく》
船荷のあげおろしをすること。それをする人

見るような気がしてわたしは暗い気持になった。半年間わたしはそういう海軍の裏面《りめん》ばかり見ることになった。やはり戦争は負けるなと実感《じっかん》した。

わたしの転勤《てんきん》止めが許《ゆる》されたのは、もう二十年の春になってからだった。わたしの荷物を盗《ぬす》んだどろぼうが、九州の佐世保《させぼ》でつかまったのである。たまたまそのトンマなニセ憲兵《けんぺい》のどろぼうが、わたしの名と兵籍《へいせき》番号のはいった下着を身につけていて、大阪駅の一件《いっけん》も自白《じはく》したというのである。

ようやくわたしは天下《てんか》晴《は》れる身となった。いざ前線《ぜんせん》へ。しかし、そのときには、もう帝国海軍《ていこくかいぐん》は南方へ兵員《へいいん》を送る余裕《よゆう》はなくなっていた。わたしはアメリカ軍の上陸にそなえて編成《へんせい》された陸戦隊《りくせんたい》に配属《はいぞく》された。

この陸戦隊《りくせんたい》には、戦艦《せんかん》「大和《やまと》」に乗り組んでいて、ようやく助かった兵隊がたくさんはいってきた。その兵隊たちから「大和《やまと》」の沈没《ちんぼつ》の様子《ようす》をはじめて聞いた。


どれい（奴隷《どれい》）　人間としての権利《けんり》や自由を奪《うば》われ、他人の所有物とされた人、身分。労働を強制《きょうせい》され、物のように売買もされた

陸戦隊《りくせんたい》　海軍に設立《せつりつ》されていた、上陸戦を担当《たんとう》する戦闘《せんとう》部隊

戦艦大和《せんかんやまと》　太平洋戦争開戦の直後に完成した日本海軍最大の戦艦《せんかん》。昭和二十年四月、鹿児島県沖で米軍機の猛攻《もうこう》を受け、魚雷《ぎょらい》なども被弾《ひだん》し、三千人以上の人とともに沈没《ちんぼつ》した

わたしの陸戦隊《りくせんたい》ははじめ海兵団《かいへいだん》の中にいたが、六月二日呉《くれ》が徹底的《てっていてき》に空襲《くうしゅう》されてからは、呉郊外《くれこうがい》の川原石《かわらいし》というところで、山の中腹《ちゅうふく》に穴《あな》を掘《ほ》って暮《く》らしていた。陸戦隊《りくせんたい》といっても、全員が持てる小銃《しょうじゅう》もなかった。ふとん爆雷《ばくらい》といって、枕《まくら》カバーのような布《ぬの》に爆薬《ばくやく》をつめ、敵《てき》の戦車《せんしゃ》が来ると、ひとり必《かなら》ず一台爆破《ばくは》するという訓練《くんれん》や、敵《てき》が飛行場を作ると、そこにしのびこんでひとり一機爆破《ばくは》するという訓練《くんれん》ばかりだった。ゲリラ隊である。行動はすべて夜であった。足音がしたり足跡《あしあと》がのこらないように、十キロも二十キロも川の中を歩いたり、草の中をはってバラバラに行軍《こうぐん》し、夜明けに目的地《もくてきち》にたどりつくというような演習《えんしゅう》ばかりしていた。

八月五日の夜も、そんな演習《えんしゅう》をしてすごし、六日の朝ようやく呉《くれ》から一つ山を越《こ》した小さな部落《ぶらく》にたどりついていた。演習《えんしゅう》を終《お》って朝食をとり、草原にねころんでまどろんでいると、つむっている目にもパッとはげしい光を感じた。

「何だ、何だ。」

ゲリラ
正規《せいき》ではない、少数の部隊や、その戦い。奇襲《きしゅう》や待ちぶせをしたり、夜に襲《おそ》いかかったりする。戦力的に不利な側が行うことが多いと、いいあっているうちに、三十秒か一分くらいたって、ゴーザワザワと山鳴りがし、木の葉がざわめいた。地震《じしん》のようでもあるが、地はゆれない。しばらくして、

「おい、あれを見ろ。」

と、だれかが叫《さけ》んだ。山の向《む》こうに、むくむくとキノコ雲がもりあがっていくのである。

その日は雲一つないよいお天気だった。その青空が、いつしかキノコ雲を中心に、呉《くれ》の空までどんよりと曇《くも》ってきた。それは見たこともないふしぎな光景《こうけい》であった。

正午《しょうご》ちかく、わたしたちの部隊《ぶたい》は無線で本部から呼《よ》び帰された。山を下り、呉街道《くれかいどう》に出て、はじめて、広島の町に新型爆弾《しんがたばくだん》が落《おと》され、全滅《ぜんめつ》したという話を聞いた。広島方面から、トラックや荷車がひっきりなしに流れてくるのだが、その上には、ぼろぼろにけがをした人びとが鈴《すず》なりに乗っているのである。

陸戦隊《りくせんたい》はただちに救援隊《きゅうえんたい》として広島に行くことになった。呉《くれ》の駅から貨車《かしゃ》に乗ったが、海田市《かいたいち》という広島の二つ手前の駅で、汽車は不通になっていた。そこから歩いて広島に向かった。

広島駅の北に開けていた東練兵場《れんぺいじょう》に着いたのは、七日の朝三時ごろだった。暗いうちはあまり気がつかなかったのだが、東の空があかるくなって夜が明けてみると、わたしたちは地獄《じごく》のまん中にいた。

練兵場《れんぺいじょう》の中にテントを張《は》って救護所《きゅうごしょ》を作ったのだが、まわりは足のふみ場もないほどの死体と、はだがボロボロになった人びと、目も耳もわからないのっぺらぼう。ぞうきんのような兵隊服《へいたいふく》からパンパンにふくれた足を出して死んでいる陸軍《りくぐん》の兵隊《へいたい》たち。ペロリとはがれた皮をぶらさげて、くびだけ起こしてキョトンとわたしたちをながめている軍馬《ぐんば》。その横には、わたしたち兵士《へいし》にとっては神さまとしか思えないほどえらい、ベタ金の襟章《えりしょう》をつけた陸軍少将《りくぐんしょうしょう》が、ころがっている。

だれも話をしている者はいない。ただうなっているか、わめいている。

練兵場《れんぺいじょう》
兵士《へいし》が戦いに必要な訓練を受ける場所

はだがボロボロ
原子爆弾《ばくだん》の放射線《ほうしゃせん》や熱で、体の組織《そしき》が壊《こわ》され、爆弾《ばくだん》が爆発《ばくはつ》した場所から三・五キロメートル以上離《はな》れた場所にいた人も、やけどをおったそして、まだまだ町の方から、ぞろりぞろりと同じような人たちが練兵《れんぺい》場《じょう》になだれこんでくるのである。

わたしたち救援隊《きゅうえんたい》の仕事は、負傷者《ふしょうしゃ》の救護《きゅうご》と死体の整理、広島駅の復旧作業《ふっきゅうさぎょう》。そして炊《た》き出しをしてにぎりめしを配《くば》ることだった。これらの仕事を三交替《こうたい》でするのである。

練兵場《れんぺいじょう》に長ながと演習《えんしゅう》用のクリークがほってあった。そこに赤くにごった水がたまっていた。からだじゅう焼けただれた人びとは、その水をもとめてはい寄《よ》り、その水を口にすると、まるではげしい毒薬《どくやく》でも飲んだように、力つきて、浅《あさ》い水たまりに頭をつっこんで死んでいった。

「水を飲ましちゃいかん。やけどしているやつに水を飲ませるとすぐ死ぬんだ。」

軍医《ぐんい》がわたしたちに注意した。しかし、わたしたちはとめなかった。水を飲んでも飲まなくても、間もなく死んでいく人たちばかりだったから。

襟章《えりしょう》
軍服の襟《えり》や肩《かた》、袖《そで》には階級を示《しめ》す階級章が付けられていた。襟《えり》に付いていたものを「襟章《えりしょう》」という。将官《しょうかん》の階級章は「ベタ金」と呼《よ》ばれ、幅《はば》が広い金線が付いていた

少将《しょうしょう》
軍の階級のひとつ。将官《しょうかん》の中では一番下の位

クリーク
小川、水路

軍医《ぐんい》はころがっている人びとの目を、ひとりひとり、まるでマグロでもよりわけるように調べては「ホイ」「ホイ」と死人をよりわけていった。わたしたちはその死体をタンカに乗せて練兵場《れんぺいじょう》の向こうにある二葉山《ふたばやま》に作られた焼場《やきば》に運ぶのである。ひとりずつ運んでいたのでは間に合わない。ふたりずつ重ねて運ばねばならなかった。

死体整理で一日が暮《く》れた。あくる朝夜が明けると、またクリークに折《お》り重《かさ》なるようにして人びとは死んでいた。

駅の復旧《ふっきゅう》作業《さぎょう》に出て、不思議《ふしぎ》な光景《こうけい》を見た。骨《ほね》と皮にやせ細ったはだしの囚人《しゅうじん》が、いく組もひもでじゅずつなぎにされて駅前の空地《あきち》にいるのである。広島の刑務所《けいむしょ》がどこにあるのか知らないが、監獄《かんごく》がこわれて、どこかへ運ばれるのだと思ったが、異様《いよう》な風景であった。二十人ぐらいずつつながれた人たちは、空腹《くうふく》のためか、暑さのためか、すぐにしゃがみ込《こ》んでしまった。ひとりがしゃがむと、つながれているので、前後の者もつぎつぎとしゃがみこんでしまう。それを見ると、平べったいサー

ベルをさげた看守《かんしゅ》がやってきて、

「こらっ。」

と、サーベルのさやでつっついて立たせるのだった。

わたしはこの光景《こうけい》がいやにはっきりと焼きついていたのだが、最近になって、なぜあの時、囚人《しゅうじん》があんなにたくさん駅につれられてきていたのか、そのわけを知って、三十年ぶりに何かぞっとするものを感じた。広島県から発行された原爆資料集《げんばくしりょうしゅう》の中に、広島刑務所《けいむしょ》の囚人《しゅうじん》に屍体《したい》の処理《しょり》を命ずる書類《しょるい》の写《うつ》しが出ているのをみつけたのである。あの囚人《しゅうじん》たちは、屍体処理《したいしょり》のためにかり出された人びとだったのである。

わたしはまた、トラックににぎりめしを積《つ》んで何度も市内を廻《まわ》った。トラックが停《と》まるとすぐ長い列ができた。

「ひとり一個《こ》ずつ、一個《こ》ずつ。」

わたしたちはトラックの上からそう叫《さけ》びながら、配っていた。中にひとり、何度でも列に加わってにぎりめしを受け取ろうとする者がいた。

サーベル　先がとがり、ややそりのある細身の剣《けん》。当時は警察官《けいさつかん》も携帯《けいたい》していたいくら駄目《だめ》だといっても、手を出し、おとなしく並《なら》んでいる人のじゃまをするのである。

「あんたは駄目《だめ》だ。」

わたしはそういってその女の人を押《お》しやった。と、そのひょうしに、その人は簡単《かんたん》にあお向けに倒《たお》れたかと思うと、そのまま動かなくなった。

広島市のはずれに、三滝《みたき》というところがある。その川原《かわら》で私《わたし》はふしぎな光景《こうけい》を見た。いく人もの子どもがまっ裸《ぱだか》でジダンダをふんで泣き叫《さけ》んでいるのである。そして、その母親らしいおとなが、またおんおんと泣きながら、子どもたちの背中《せなか》に何かをぬりつけているのである。朝鮮《ちょうせん》の人らしかった。それは塩《しお》であった。

ペロリとむけた背中《せなか》にリンパ液《えき》が光っていた。血も出ないそのはだに塩《しお》をぬるのは見ただけでも痛《いた》かった。この人たちは、やけどにはいつもこういう治療法《ちりょうほう》をするのだろうか。

「練兵場《れんぺいじょう》の救護所《きゅうごしょ》へ行けば、薬をぬってもらえるぜ。」

リンパ液《えき》
人の細胞《さいぼう》の老廃物《ろうはいぶつ》のうち血管（静脈《じょうみゃく》）で運びきれない分を回収《かいしゅう》するリンパ管を流れる液体《えきたい》

わたしたちは見かねてすすめた。ところが、母親も子どもも、泣き叫《さけ》ぶばかりで、わたしたちをじろりと一度見つめただけだった。

わたしはそのにくしみをこめた目を見てどきりとした。

わたしは兵隊になる前に、たった一作童話《どうわ》を書いて発表していた。それは『ハコちゃん』という郷里《きょうり》の家の近くに住《す》んでいた朝鮮人《ちょうせんじん》の子どもを主人公《しゅじんこう》にした作品であった。朝鮮《ちょうせん》の人たちがどのようにしいたげられた暮《くら》しをしているか子どものころからわたしは知っていた。

わたしたちはソビエトが参戦《さんせん》するというニュースを聞いて広島を引きあげた。

八月十五日、わたしたちは天皇《てんのう》の放送も何もしらなかった。

その日の午後、突然《とつぜん》「陸戦隊《りくせんたい》集合」というラッパが山やまにひびいて鳴りわたった。この曲は実に音楽的で美しい。勇ましく長いラッパである。ラッパはいつまでもつづく。

ソビエト（ソ連）　現在《げんざい》のロシア。広島に原爆《げんばく》が投下された二日後の八月八日、中立条約《じょうやく》を結んでいたソビエト（ソ連）が、日本に宣戦《せんせん》を布告《ふこく》した

ラッパ　ラッパの音色のちがいで、起床《きしょう》、集合などの命令や合図を伝えた

整列《せいれつ》が終《お》わると、守田《もりた》という部隊長《ぶたいちょう》が、壇上《だんじょう》に上《あ》がって、ひらりと軍刀《ぐんとう》を引きぬいた。

「只今《ただいま》よりわが部隊は戦闘配備《せんとうはいび》につく。命令に従《した》がわない者はその場でぶった切る……。」

そんなおそろしい前おきをして命令を読み上げた。

広《ひろ》（今は呉市《くれし》になっている）という、呉《くれ》の南にある町に向かって出発する。そこには海軍の工廠《こうしょう》があって、たくさんの朝鮮人《ちょうせんじん》が働いている。その朝鮮人《ちょうせんじん》が暴動《ぼうどう》を起《おこ》した。それを鎮圧《ちんあつ》に行くのだというのである。

その場で実弾《じつだん》が配《くば》られた。小銃《しょうじゅう》のない者には手榴弾《しゅりゅうだん》が二発ずつ配《くば》られた。わたしは実弾演習《じつだんえんしゅう》以外で実弾《じつだん》を手にするのははじめてだった。わたしたちは緊張《きんちょう》した。川原石《かわらいし》から呉《くれ》の市街《しがい》を通りぬけて、ほとんどかけ足で広《ひろ》に向かった。

呉《くれ》から広《ひろ》に行く道は途中《とちゅう》に峠《とうげ》がある。ようやくその峠《とうげ》を越《こ》して下りにかかったところで、広《ひろ》の方から来る一団《いちだん》の女子挺身隊《ていしんたい》と行きちがった。

軍刀《ぐんとう》
軍用の刀剣《とうけん》。武士《ぶし》が持っていた日本刀は両手で扱《あつか》うが、軍刀《ぐんとう》は基本的《きほんてき》に片《かた》手《て》で扱《あつか》う

工廠《こうしょう》
軍隊直属《ちょくぞく》の軍需《ぐんじゅ》工場。武器《ぶき》や弾薬《だんやく》などを開発、製造《せいぞう》、修理《しゅうり》、貯蔵《ちょぞう》、支給《しきゅう》するための施設《しせつ》。造兵廠《ぞうへいしょう》とも呼《よ》ばれた

手榴弾《しゅりゅうだん》
手で投げる小型《こがた》の爆弾《ばくだん》

女子挺身隊《ていしんたい》
女性《じょせい》を労働力とするための組織《そしき》。工場や農地で働いた

頭にはち巻《ま》きをしめた女学生である。いつも勇ましく軍歌《ぐんか》をうたって朝《あさ》晩《ばん》、工廠《こうしょう》に往来《おうらい》している挺身隊《ていしんたい》が、ぞろぞろと、肩《かた》をだき合うようにしてみんな泣いているのである。

何のことかわたしたちには全《まった》く見当《けんとう》もつかなかった。いく隊ものそういう挺身隊《ていしんたい》とすれちがって、わたしたちは、広《ひろ》の町役場に着いた。広《ひろ》の町は静かで、暴動《ぼうどう》が起《おこ》っているなどとはとても考えられなかった。わたしたちは役場の広間《ひろま》と、近くの小学校に分《わか》れて待機《たいき》することになった。

日本が負けたことを知らされたのは、その夜のことだった。暴動《ぼうどう》など何も無かった。さんざん朝鮮《ちょうせん》の人たちをこき使ってきた工廠《こうしょう》の幹部《かんぶ》の人間が、暴動《ぼうどう》を起こされるかもしれないと勝手に心配して、陸戦隊《りくせんたい》の配備《はいび》をたのんできたものらしかった。

日本が降伏《こうふく》したと聞いて、さすがにわたしも複雑《ふくざつ》な思いであった。なかなか夜になっても眠《ねむ》れなくて、近くの川原へ涼《すず》みに出かけた。すると、鉄橋《てっきょう》を、窓《まど》にあかりのついた呉線《くれせん》の列車がゴーッと音をたてて通って

降伏《こうふく》
戦いに負けたことを認《みと》めて相手に従《したが》うこと。降参《こうさん》

いった。あかりのついた列車を見るのは何年ぶりのことだろう。まだこれからどうなる身か何もわからなかったが、その列車のあかりは、涙《なみだ》が出るほどすごくなつかしいものに見えた。

九月にはいって、わたしたちの部隊は解散《かいさん》し、復員《ふくいん》することになった。ところが、いざ郷里《きょうり》へ帰るという前夜に、ものすごい台風がやってきて、列車は不通《ふつう》になってしまった。

吉浦《よしうら》という呉《くれ》の北どなりにある小さな港から、大阪方面に向かって船が出るという話を聞きつけた。わたしは一日も早く帰りたかったので歩いてその吉浦《よしうら》に行った。小さな機帆船《きはんせん》がいく隻《せき》か桟橋《さんばし》につながれていた。いったいどの船が大阪へ行くのか分《わか》らない。ぼんやりと途方《とほう》に暮《く》れて立っていると、一つの船からわたしをみつけて声をかける者があった。

「おまえ、どっちへ帰るんや。船がないのか。便乗《びんじょう》させたるで。わしの船《ふね》は和歌山まで行くで。」

復員《ふくいん》
軍隊が戦時の体制《たいせい》から、平時の体制《たいせい》になること。軍隊をはなれ、帰郷《ききょう》すること

機帆船《きはんせん》
エンジンで進むことも、帆《ほ》を使用して進むこともできる小型《こがた》の船

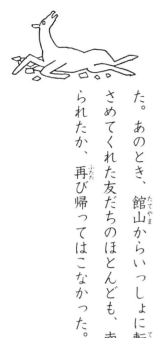

それは、あの軍需部《ぐんじゅぶ》にいたときの上官、派遣隊《はけんたい》の隊長《たいちょう》だった。酒によっているらしく、士官《しかん》のしるしの二本の白線をちぎった艦内帽《かんないぼう》をだらしなくあみだにかぶって、服のホックをはずしていた。

わたしは乗せてもらうことにした。話を聞くと、軍需部《ぐんじゅぶ》に徴用《ちょうよう》されていた船だということだった。船長とぐるになって、船底《ふなぞこ》に、軍需部《ぐんじゅぶ》にあった食料や石ケン、布《ぬの》、その他、いろんな物をぎっしりと積みこんでいた。乗せてもらえたのはありがたかったが、だんだん自分も何かこの悪の一味に加わっているような気がしてきて、わたしは尾道《おのみち》で下船させてもらった。そこからは汽車も走っていた。

わたしのかわりにラバウルへ行った友だちはとうとう帰ってこなかった。あのとき、館山《たてやま》からいっしょに転勤《てんきん》し、盗難《とうなん》にあったわたしをなぐさめてくれた友だちのほとんども、南方で戦死したか、途中《とちゅう》で船を沈《しず》められたか、再《ふたた》び帰ってはこなかった。

艦内帽《かんないぼう》
海軍の士官《しかん》と下士官《かしかん》が艦内《かんない》で着用していた帽《ぼう》子《し》。士官《しかん》用には二本、下《か》士官《しかん》用には一本、線が付いていた

徴用《ちょうよう》
戦時などに、国家が国民に強制的《きょうせいてき》に決められた仕事をさせること。また、物品を強制的《きょうせいてき》に取りたてて使うこと

ハエと戦車《せんしゃ》と

長崎《ながさき》源《げん》之《の》助《すけ》

ここに一枚《まい》の古い写真がある。私《わたし》が兵隊《へいたい》に行く日にとったものだ。写真の材料も、他の物質《ぶっし》どうよう不足していた上に、質《しつ》も悪かったらしく、白い斑点《はんてん》がいちめんにういているが、まあ、なんとか見られるし、三十年前の世界にたちまち私《わたし》をつれもどしてくれるふしぎな力をもっている。

父も母も、現在《げんざい》の私《わたし》より若《わか》く、弟妹たちも幼《おさな》かった。長男の私《わたし》は、病《びょう》弱《じゃく》だったくせに、お国のために兵隊《へいたい》になれるという誇《ほこ》りに胸《むね》をふくらませていた。そして、うすべったい胸板《むないた》をいくらかでも厚《あつ》く見せようものと、せいいっぱいそりかえったりしたものだ。それは、今考えると、わ

ガダルカナル島
西太平洋ソロモン諸島《しょとう》の島。一九四二年八月から約七か月、激《はげ》しい戦いが行われた。太平洋戦争開戦直後は勝ち続けていた日本が敗北し、攻守《こうしゅ》が逆《ぎゃく》転《てん》するきっかけとなった

れながらまったくいじらしい限《かぎ》りだ。

少しはりっぱな軍人《ぐんじん》のように、たくましくうつるかと思ったのだが、意《い》に反《はん》して写真の私《わたし》のなんと弱よわしいことだろう。

自分でいうのもおかしいが、こんなかわいい少年——しかも、永《なが》い間病気静養《せいよう》していた人間まで、戦地《せんち》にひっぱりださなければならなかったのだから、日本の敗戦《はいせん》は、目に見えていたといっていい。

ガダルカナル島の日本軍は退却《たいきゃく》し、山本元帥《やまもとげんすい》は戦死《せんし》し、アッツ島守備《しゅび》軍《ぐん》は全滅《ぜんめつ》し、サイパン島もアメリカ軍の手におちた。そして、本土空襲《ほんどくうしゅう》はますますはげしくなっていた。そんなときに、戦地《せんち》に行くなんて、死にに行くのも同じだった。

それなのに、私《わたし》は、喜《よろこ》び勇んでいたのだ。死ぬことなど、少しもこわくなかった。天皇《てんのう》のため、国のために戦死《せんし》することこそ、日本男子のねがいと思っていたからだ。

この戦争は、正義《せいぎ》のための戦争であり、世界平和、人類のためと教え

山本元帥《げんすい》
山本《やまもと》五十六《いそろく》。司令官、大将《たいしょう》として真珠湾攻撃《しんじゅわんこうげき》を指揮《しき》し太平洋戦争を始めた軍人として知られる。死後に元帥《げんすい》の称号《しょうごう》をあたえられ、国葬《こくそう》で見送られた

アッツ島
アリューシャン列島の島。アメリカ領《りょう》を日本軍が攻《せ》め落とし守備隊《しゅびたい》が置かれたが、アメリカ軍に奪《うば》い返された

サイパン島
サイパン島の戦いでは多くの一般《いっぱん》市民も犠牲《ぎせい》となった。アメリカ軍は日本本土への攻撃《こうげき》の拠点《きょてん》とし、戦闘機《せんとうき》がここから飛び立った

られていたし、そう信じて疑《うたが》わなかった。そのために命をすてるのは、最高の死に方（生き方）だと思っていた。むしろ、私《わたし》の恐《おそ》れていたのは、見ぐるしい死にざまをしはしないかということだった。幼時《ようじ》からたたきこまれてきた軍国主義教育《ぐんこくしゅぎきょういく》の見事《みごと》な成果《せいか》といっていい。

それにひきかえ、写真の母のなんと悲しげな表情《ひょうじょう》だろう。

「死なないで帰っておいで」というのは、兵士《へいし》の母にあるまじき国賊的《こくぞくてき》ことばとされていたので、かわりに「からだだけは気をつけるんだよ」と、なんどもくりかえしていた母だった。

川崎市溝ノ口《かわさきしみぞのくち》にあった部隊《ぶたい》に入隊《にゅうたい》し、一週間後には、中国にむかって出発した。地下足袋《じかたび》をはき、水筒《すいとう》がわりの竹筒《たけづつ》をかたにかけ、おもちゃのような鉄砲《てっぽう》をかついで営門《えいもん》（軍隊《ぐんたい》の門）を出るとき、こおったような満天《まんてん》の星がチカチカひかっていたのを今でもおぼえている。営門《えいもん》の両側には、内地勤務《ないちきんむ》の兵隊《へいたい》たちがならんで送ってくれた。真夜中《まよなか》こっそりの出発なので、万才《ばんざい》の声もなかった。ただ、口ぐちに小声で「がんばって

軍国主義教育《ぐんこくしゅぎきょういく》
軍隊を中心とした、自国の利益《りえき》を追求する考えを育てる教育。個人《こじん》の幸福ではなく、国のため天皇《てんのう》のために身を捧《ささ》げることが求められた

国賊《こくぞく》
国の利益《りえき》を害したり、価値《かち》をおとしめる者

地下足袋《じかたび》
作業労働用の足袋《たび》。足袋《たび》の裏《うら》にゴム底がついていて、それだけで靴《くつ》のようにはく。農業や大工など力仕事のときにはくことが多い

こいよ」「しっかりな」とはげましてくれた。私《わたし》たちは、寒さと緊張《きんちょう》に顔をこわばらし、もくもくと小砂利《こじゃり》をふんで行進した。

感激《かんげき》がふつふつと胸《むね》のそこからわきあがってくるのをおぼえた。

戦地《せんち》へついたら、すぐに敵《てき》と撃《う》ちあうものだとばかり思っていたら、そうではなかった。

まず「前へ進め」の訓練《くんれん》からはじまった。歩き方がわるい。集合がおそい。声が小さいと、そのたびに、ビンタをはられ、顔が変形してしまった。つらいのは訓練《くんれん》だけではなかった。朝おきて、夜ねるまで、かたときも休むひまなく動きまわらなければならなかった。銃《じゅう》の手入れをねんいりにやるのは当然だったが、靴《くつ》のうらまで、土ひとつついていないようにみがかなければならないのにはおどろいた。洗濯《せんたく》、掃《そう》除《じ》、衣服《いふく》の整理、夜具《やぐ》の整頓《せいとん》、まったくめまぐるしく、つぎつぎと仕事があった。食事なども、一、二分でかっこんでしまわなければならなかった。

内地勤務《ないちきんむ》　日本国内での任務《にんむ》につくこと

私《わたし》は泣《な》きの涙《なみだ》、血をはく思いで、必死《ひっし》にがんばった。いくらがんばっても、私《わたし》は中隊一《ちゅうたいいち》ののろまな兵隊《へいたい》だった。みんなについていくだけの体力《たいりょく》がなかったのだ。したがって、だれよりもビンタをとられた。

ある日、私《わたし》は人事係《じんじがかり》の准尉《じゅんい》によばれて、特別訓練隊行《とくべつくんれんたい》きをいいわたされた。特別訓練隊《とくべつくんれんたい》、略《りゃく》して特訓隊《とっくんたい》とよばれていたが、そこは、特別にきびしい訓練《くんれん》をするところではなく、特別《とくべつ》にゆるやかな訓練《くんれん》をする隊だった。いわば静養《せいよう》かたがた訓練《くんれん》する隊だった。

そんな隊におくられることは恥《はじ》だと、私《わたし》は思った。万才《ばんざい》の声におくられ、しっかりがんばってこいよとはげまされてきたのに、なんというふがいないことだろうと思うと、私《わたし》の目から涙《なみだ》があふれ、ほおをびちょびちょにぬらした。

「そう気をおとすな。からだをきたえてもどってこい。そして、わが中隊のためにはたらいてくれ。」

私《わたし》の落胆《らくたん》があまりひどかったので、准尉《じゅんい》は、ちょっととまどったよう

准尉《じゅんい》
軍隊の階級のひとつ。階級制度《せいど》を大きく三つに区分した「士官《しかん》」「下士官《かしかん》」「兵」の士官《しかん》と下士官《かしかん》の間には大きな壁《かべ》があるが、その間にある位

だったが、やさしくなぐさめてくれた。そして、私《わたし》の手に菓子《かし》をにぎらせ、ここでくってていけといった。

菓子《かし》など口にするのは、ほんとうに久《ひさ》しぶりだったが、おえつがこみあげてきて、のどをとおらなかった。つぎつぎと口にながれこんでくるしょっぱい涙《なみだ》の味と、菓子《かし》の甘《あま》さがミックスされた。私《わたし》は、泣《な》き泣《な》き、うまいなと思った。内地《ないち》では、ほとんど姿《すがた》をけしてしまい、軍隊にはいってからも、たべたことがなかったものが、将校室《しょうこうしつ》にはあるんだなと思った。

特訓隊《とっくんたい》は、泰山《たいざん》という山の中腹《ちゅうふく》にあった。「泰山《たいざん》のやすきにおく」と、たとえにつかわれている、あの泰山《たいざん》だ。

とても景色のよい所だった。北国なので、春はおそかったが、草木はいちどきに花をさかせた。モモ、スモモ、アンズ、サクラ、リンゴ、ナシ、レンギョウ、スオウ、タンポポ、スミレなどなど——なかでもすばらしいのはアンズの花だ。兵舎《へいしゃ》のまわりはアンズの林で、うすももいろ

内地
日本国内のこと。当時支《し》配《はい》していた満州《まんしゅう》、朝鮮《ちょうせん》、台湾《たいわん》などからみて、日本のもともとの領土《りょうど》である本州、四国、九州、北海道をさす

泰山《たいざん》のやすきにおく（泰山《たいざん》の安きに置く）
泰山《たいざん》のようにどっしりと安定した状態《じょうたい》にすること

の花がいちめんにさきかおった。

見あげれば、泰山《たいざん》のいただきが、まっさおな空にそびえたち、そこからおちてくる清流が岩にぶつかり、白いしぶきをあげてくだっていた。渓流《けいりゅう》は、ふもとに至《いた》ると、ゆるやかな川になり、みどりの平原を銀色にかがやきながら曲《ま》がりくねって、地平線《ちへいせん》にきえていた。地平線《ちへいせん》は地球のまるいことがわかるように、曲線《きょくせん》を描《えが》き、それがかげろうにゆらめいていた。

農家のかたわらでは、アンズの木の下で、中国人の娘《むすめ》さんが布製《ぬのせい》の靴《くつ》を縫《ぬ》っていたし、そのそばには、ヤギがのんびり草をかんでいた。天外《てんがい》村《そん》という名の村だったが、中国の故事《こじ》にでてくる理想郷《りそうきょう》の桃源《とうげん》も、このような所ではなかったかと思われるほど、のどかな風景だった。

特訓隊《とっくんたい》にはいって、私《わたし》がまずおどろいたことは、白い飯《めし》を腹《はら》いっぱいにたべさせてもらったことだった。そのころ、内地《ないち》では、ろくに米の飯《めし》などたべていなかったのだ。豆かすとか、コーリャンのようなものが少

豆かす
油をしぼりとったあとの大豆をくだいたもの。しょうゆなどに加工されるほか、動物のえさにもなる

コーリャン
中国の東北地方などで栽《さい》培《ばい》されている穀物《こくもつ》。日本には、はじめは馬のえさなどとして輸入《ゆにゅう》されていたが、食べ物が不足してくると米のかわりに食べるようになった

しずつ配給《はいきゅう》になるだけで、国民のほとんどがすき腹《ばら》をかかえていた。ところが、どうだ。そこでは、肉《にく》も卵《たまご》も野菜もふんだんにたべさせてもらえた。しかも、三時には、しるこのおやつまででるしまつだった。

景色はいいいし、食べ物は上等で豊富《ほうふ》だし、これで訓練《くんれん》がなければ、まるで天国だが、そうはいかなかった。

前の中隊にいた時とはくらべものにならないが、それでも訓練《くんれん》は毎日あった。しかも、敵《てき》の戦車《せんしゃ》に体当《たいあた》りする訓練《くんれん》だった。ふとん爆弾《ばくだん》という、小学生が学校の腰《こし》かけにくくりつけているぐらいの大きさと形をしたふとんの中に、爆弾《ばくだん》がしかけてあるものを、かかえてぶつかっていく訓《くん》練《れん》だ。

アメリカ軍は、中国大陸《たいりく》を航空基地《こうくうきち》にして、日本を空襲《くうしゅう》するにちがいないと、軍では予想《よそう》していたようである。だから、もしアメリカの戦車《せんしゃ》が中国に上陸《じょうりく》してきたら、私《わたし》たちは特別攻撃隊《とくべつこうげきたい》となって、それに体当《たいあた》りすることになっていたのだ。

配給《はいきゅう》
米や味噌《みそ》、砂糖《さとう》などの食べ物や衣類などの物資《ぶっし》が不足したため、世帯単位で配られる切符《きっぷ》と引きかえに商品を買うしくみ。十軒《けん》ほどのグループ（隣組《となりぐみ》）にまとめて配給され、当番が各家庭に分けた敵《てき》の戦車《せんしゃ》にむかって、ほふく（はいずること）前進していって、十メートルぐらいまでにちかづいたときに、かけだしていって爆弾《ばくだん》もろともぶつかるのだ。つまり人間爆弾《にんげんばくだん》だ。

私《わたし》たちに白米《はくまい》や肉《にく》をたっぷりたべさせたのは、何も私《わたし》たちを保養《ほよう》させ、甘《あま》やかすためではなかった。いざというときに、爆弾《ばくだん》をかかえ、ほふく前進して、十メートルかけれるだけの体力をつけさせておくためだったのだ。

私《わたし》たちは、くる日もくる日も模擬爆弾《もぎばくだん》をかかえて、架空《かくう》のアメリカ軍のM－型戦車《がたせんしゃ》にむかって突撃《とつげき》した。

ほふくすると、ひじやひざに小石がめりこんだ。顔や手は、草のとげにひっかかれて血がにじんだ。

私《わたし》たちは、汗《あせ》と砂《すな》ぼこりにまっくろになり、目ばかりひからせて、必《ひっ》死《し》にはいずった。苦しいので、すぐからだをおこしたくなる。すると、教官《きょうかん》がとんできて、頭といわず、しりといわず、情《なさけ》ようしゃなく靴《くつ》のま

M－型戦車《がたせんしゃ》
アメリカの小型戦車《こがたせんしゃ》。追《つい》撃《げき》や偵察《ていさつ》のために、武装《ぶそう》や頑丈《がんじょう》さよりも軽さと速さが重視《じゅうし》された設計《せっけい》となっている

ま、がつんとふんづけた。

「姿勢《しせい》が高い。敵《てき》に撃《う》たれるぞ！」

頭など、ふんづけられようものなら、地べたに鼻《はな》づらをたたきつけられ、砂《すな》をなめてしまう。そのあげくに、また出発点にもどってほふくのやりなおしだ。

私《わたし》たちは、まだ見たこともないM―型戦車《がたせんしゃ》に大いなる憎《にく》しみをおぼえた。私《わたし》たちを毎日毎日くたくたにつかれるほど地べたをはいずりまわさせるそいつに、燃《も》えるような怒《いか》りを感じた。

「M―があっちからやってくる。」

教官《きょうかん》が竹のむちで、うねうねとどこまでもつづく黄土色《おうどいろ》の平原をさすと、かげろうの中から、そいつが悠然《ゆうぜん》と巨大《きょだい》なすがたをあらわすような気がした。そして、ごうごうとキャタピラの音をとどろかし大地をゆるがしながら、ぐんぐんちかづいてくるような気がした。

「ほふく前進！」

キャタピラ
鋼《はがね》の板をつなぎ合わせたベルトを車輪にかけ回転させて走る装置《そうち》。地面との接地《せっち》面積が車輪だけのものより大きいので、悪路でも走行できる私《わたし》たちは、じりじり進む。

まぼろしのM－型《がた》戦車《せんしゃ》は、小山のようなからだを、ゆっくりこちらへ方向をかえる。機銃《きじゅう》のつつさきが、まっすぐねらっている。

私《わたし》たちは、息《いき》をきらして、むちゅうではいずる。汗《あせ》があふれ、目になだれこむ。わきの下やももは、火の玉が燃《も》えるようだ。

「とつげきに前へ――、進め！」

何十メートルものほふくのあとでは、かけだしても、足がもつれて、とてもはやくかけることができない。のどはからからだ。ワーッと、とつげきの喚声《かんせい》をあげたつもりだが、息《いき》が、さらざらしたのどの壁《かべ》をこすってふきすぎただけだ。

今考えると、あんなことで敵《てき》の戦車《せんしゃ》になどとうてい体当《たいあた》りはできなかったと思われる。戦車《せんしゃ》に到着《とうちゃく》しないうちに、おそらく全員機銃《きじゅう》で撃《う》たれてしまったにちがいない。だれが考案《こうあん》したか知らないが、およそばかげた方法である。

機銃《きじゅう》 機関銃《きかんじゅう》の略《りゃく》。弾《たま》を自動的に込《こ》めながら連続発射《はっしゃ》する銃《じゅう》私《わたし》たちがふとん爆弾《ばくだん》ととっくんでいるうちに、夏がやってきた。当時《とうじ》の中国は、やたらとハエが多かった。歩いていても顔にぶつかるくらいだった。ハエは伝染病《でんせんびょう》を媒介《ばいかい》する。まして、私《わたし》たちのような虚弱《きょじゃく》なからだの人間は、病気にかかりやすい。そこで、隊長《たいちょう》は、ハエ全滅作《ぜんめつさく》戦《せん》を命令した。中隊《ちゅうたい》じゅうのハエを一ぴきのこらずたたき殺《ころ》せというわけだ。

私《わたし》たちは、竹の棒《ぼう》にはがきをはさんで、即席《そくせき》のハエたたきをつくった。そして、それを常《つね》にもちあるいて、ハエをとった。一人一日の責任数《せきにんすう》がきめられ、それに達《たっ》しないと、足《た》りないぶんだけビンタをはられた。はじめのうちこそかんたんに義務《ぎむ》がはたせたが、兵隊たちがビンタこわさにむちゅうでとったので、たちまちハエが少なくなった。

私《わたし》たちは、炊事場《すいじば》や厩《うまや》や便所のまわりなど少しでもハエのいそうな場所をうろついては、ハエをさがした。

ハエを見つけると、みんなでよってたかっておそいかかった。うち殺《ころ》

厩《うまや》
馬を飼《か》うための小屋。
馬小屋

したハエはいそいで手でつかんで、紙ぶくろにいれた。これでは衛生《えいせい》もなにもあったものではないが、ひとにとられてしまったのでは、元《もと》も子もないので、やむをえなかった。

一ぴきのハエをめぐって、なぐりあいのけんかをすることさえあった。なにしろ、ビンタをとられるかどうかにかかっているのだから、一ぴきのハエといえど、たいへんな貴重品《きちょうひん》だった。

私《わたし》たちは、かたときもハエたたきをはなさなかった。訓練《くんれん》に行くときも、ハエたたきを腰《こし》にたばさんででかけた。私《わたし》たちにとって、ハエは戦車《せんしゃ》と同じくらい重要《じゅうよう》だった。同じくらい憎《にく》かった。

私《わたし》たちが、まぼろしの戦車《せんしゃ》とたたかい、ハエとたたかっているうちに、昭和二十年八月十五日になってしまった。

「日本は負けたのだ。」

といわれたが、なかなか信じられなかった。

日本は神の国だから、絶対《ぜったい》負けることなんかない。いまにきっと神風《かみかぜ》がふくといわれていた。蒙古来襲《もうこらいしゅう》のときのように神風《かみかぜ》がふいて、アメリカの艦隊《かんたい》を沈没《ちんぼつ》させてしまうなどと単純《たんじゅん》には思わなかったが、それでも、なんとなく神の御加護《ごかご》があって、奇跡的《きせきてき》に逆転勝《ぎゃくてんが》ちするのではないかと、無理《むり》にも思いこもうとしていた。それに、こんなのどかなところで、白米《はくまい》をたらふくたべさせてくれる余裕《よゆう》のあるうちは、まだまだ大丈夫《だいじょうぶ》だ。第一、M－型戦車《がたせんしゃ》が上陸してこないうちは、負けることなど考えられなかった。

しかし、それが、冗談《じょうだん》やデマではないとわかったとき、私《わたし》は、何をする気力もなくすわりこんでしまった。

興奮《こうふん》してどなりあっている兵隊たちもあった。涙《なみだ》ぐんで東の空を見つめているものもあった。なかには、やたらにハエたたきをふりまわし、見えないハエをたたいているものもあった。

「このやろう、このやろう！」

彼《かれ》は、やり場のない怒《いか》りや悲しみを、ハエたたきにこめて、思いっき

神風《かみかぜ》　神の威力《いりょく》によっておこる風。運に恵《めぐ》まれて、うまくいくことを「神風がふく」という

蒙古来襲《もうこらいしゅう》（襲来《しゅうらい》）　鎌倉《かまくら》時代中期に、モンゴル帝国《ていこく》（元朝）が日本に攻《せ》めこんだ二度の戦い。元寇《げんこう》。日本軍は大敗していたが、突然《とつぜん》きた台風が元軍に大きな被害《ひがい》をもたらして勝利したと伝えられる。このときの台風を「神風」と呼《よ》び、外敵《がいてき》が攻《せ》めてきても神や自然が味方して日本を守ってくれるという考え「神風信仰《しんこう》」がうまれた

りたたいていたのだろう。

ピシャリ、ピシャリ、というハエたたきの音が、私《わたし》のがらんどうの胸《むね》のなかにひびいた。まるで、私《わたし》自身がむちうたれているようだった。

私《わたし》たちは、なんのために中国まできたのだろう。ハエをとるためか？そんなばかな。と自分の質問《しつもん》に自分で反発《はんぱつ》したものの、結果的《けっかてき》にはそうとしかいいようがなかった。

ふとん爆弾《ばくだん》をかかえて体当《たいあた》りの訓練《くんれん》をしていたときは、見えないけれど、たしかにそこにまぼろしの戦車《せんしゃ》があった。そいつにむかって、私《わたし》たちは弾丸《だんがん》そのものとなって直進《ちょくしん》していたはずだ。

ところが、その戦車《せんしゃ》が、ぶつかる直前《ちょくぜん》に、とつぜんぱっと消《き》えうせてしまったのだ。

私《わたし》たちは、かたすかしをくわされたように爆弾《ばくだん》をかかえたまま、ずでんどうと、もんどりうってころがってしまった。まあ、そんなぐあいだった。

訓練《くんれん》はつらかったし、それは死へむかって進むためのものではあったが、少なくとも目標《もくひょう》はあった。その目標《もくひょう》がなくなった今、私《わたし》たちは、いったい何をめあてに進んだらいいのだろうか。

「おれたちはみな殺《ごろ》しにされるのだ。」

といううわさがひろがった。

先輩《せんぱい》の将兵《しょうへい》たちが、中国の人たちを虐殺《ぎゃくさつ》した、そのむくいを私《わたし》たちがうけるのだと思うと、それはかなり真実味《しんじつみ》のあるうわさだった。

私《わたし》たちは、絶望《ぜつぼう》のふちにたたきこまれた。

連日はげしい炎天《えんてん》がつづいた。何もかも燃《も》えるようにあつかった。私《わたし》たちは動く力もなく、ごろごろと木陰《こかげ》でねころんでいた。まるで生ける屍《しかばね》だった。

しかし、いく日かすぎたが、別に何もおこらなかった。すると、こんどは、

「ひょっとしたら、内地へかえれるかもしれないぞ。」

虐殺《ぎゃくさつ》
残酷《ざんこく》な方法で殺《ころ》すこと

というわさが、だれいうとなくひろがった。

そうだ、もしかしたら……とまっくらだった私《わたし》の心の中に、ぽつんと一点の灯《ともしび》がともった。その灯《ともしび》はだんだん光をまし、大きくかがやきはじめた。

内地へかえりたい。いや、ぜったいかえらなければ……。

今までは、「立派《りっぱ》に死ぬこと」しか考えられなかったのに、どんなことをしてでも――それこそ、はいずってでも内地《ないち》へかえりたい。そして、母の顔が見たい。そのためには、どんな苦しさにだって耐《た》えようという気もちがわいてきた。

私《わたし》たちの新しい目標《もくひょう》ができたのだ。「生きて」内地へかえるという目《もく》標《ひょう》が。

内地にかえるために、私《わたし》たちはあらゆる苦労をかさねた。匪賊《ひぞく》におわれてにげまどったり、雪の中にねたり、とぼしい食糧《しょくりょう》になやんだり……特訓隊《とっくんたい》の訓練《くんれん》などものの数《かず》ではないくらい、つらい悲しい月日だった。

匪賊《ひぞく》
集団《しゅうだん》で略奪《りゃくだつ》や強盗《ごうとう》を行う盗賊《とうぞく》

たぶん私《わたし》たちが、戦時中《せんじちゅう》死を恐《おそ》れなかった（というより恐《おそ》れてないと思いこんでいた）のは、どうせのがれられない「死」に対《たい》するあきらめから、立派《りっぱ》な死に方を、無意識《むいしき》のうちに自分自身に命じていたせいかもしれない。

本心は死にたくないくせに、勇気といういつわりのよろいをきていたのだ。だから、死なくてもいいとなったら、そんなよろいなんぞはほっぽりなげて、恥《はじ》も外聞《がいぶん》もなく、しゃにむに「生」へむかって突進《とっしん》したのだ。

三十年たった今、私《わたし》は、「生きていてよかった」と思っている。喜《よろこ》び勇んで死ににでかけていったことなどうそみたいだ。

ほんとうに生きていることはすばらしい。

冬の窓《まど》ガラスをハエがよたよたあるいているのを見ると、そんなハエの命さえも、いとおしく思われてならない。ハエが親しい仲間《なかま》のような気がしてくる。

外聞《がいぶん》 世間での評判《ひょうばん》。世間体《せけんてい》や体裁《ていさい》

「ハエよ、がんばって生きようよ。」

そう声をかけてやりたくなる。

…………

戦意高揚《こうよう》のための標語

戦争は、戦場だけでなく国をあげての戦いとなっていました。大人の男性《だんせい》の多くが兵士《へいし》となっていなくなったので、残された女性《じょせい》や子どもたちが働かなければなりませんでした。物資《ぶっし》は戦地に優先的《ゆうせんてき》にまわされたので、国民は倹約《けんやく》がもとめられました。そんな苦しい生活が続くと、日本の勝利を疑《うたが》う人も出てきます。

そこで政府《せいふ》は、国民の戦意を高める標語をつくりました。ポスターや新聞広告《こうこく》はそんなスローガンであふれ、子ども向けに、かるたなどもつくられました。

贅沢《ぜいたく》は敵《てき》だ!
贅沢《ぜいたく》をしてはいけません。

欲《ほ》しがりません勝つまでは
敵《てき》に勝つまでは倹約《けんやく》につとめよう。

足らぬ足らぬは工夫《くふう》が足らぬ
倹約《けんやく》のために、もっと工夫《くふう》をしよう。

進め一億火の玉だ
国民全員で戦おう。

撃《う》ちてし止《や》まむ《ん》
敵《てき》を撃破《げきは》したら戦いをやめよう。
敵《てき》に勝つまでは戦いをやめない。

産めよ殖《ふ》やせよ
将来《しょうらい》の戦力となる人を増《ふ》やそう。
結婚《けっこん》して、子どもを産もう。

フィリピンの小さな島

斎藤博之《さいとうひろゆき》

昭和二十年八月十五日、ぼくはその時、星一つ（二等兵）の兵隊として、フィリピンのレイテ島とサモワール島の間の小さい小さい島にいた。

その年の二月、雨季《うき》にはいると間もなく米軍が上陸。その島を脱出《だっしゅつ》しようとわれわれはカヌーを集めて海に出た。多くの犠牲《ぎせい》を出し、それは失敗。山に追い上げられてしまい、それ以来、小人数にわかれわかれになり、山腹《さんぷく》のやぶの中にひそんで、援軍《えんぐん》が必ずくると信じて、連日、このせまい島で、戦ったり、逃《に》げまわったりしていた。

空には米軍機のみが飛び、海上には続々《ぞくぞく》おし寄《よ》せる米軍輸送団《ゆそうだん》。この

二等兵
軍の階級で一番下の位。徴兵《ちょうへい》されて軍に入った兵はまず二等兵となる。位を見分ける階級章には星が一つ付いている

輸送団《ゆそうだん》
兵や食料、弾薬《だんやく》など物資《ぶっし》を届《とど》ける船。日本の輸送《ゆそう》船《せん》は次つぎと沈《しず》められ、何も届《とど》かなくなる一方、米軍には届《とど》いていた

猛攻《もうこう》が、なんだか減《へ》ってきたように思えたところが、あとで考えれば、八月十五日ごろであった。

けれど、敗戦をまったく知らされていないわれわれは、武器《ぶき》や食料を自分たちでおぎないながら、日課のように戦い続け、戦友は次々《つぎつぎ》とたおれていった。

ようやく十一月になって、ルソン島から大隊長が迎《むか》えにきた。その大隊長が、戦争は終わったといわれたと、聞かされたが、ぼくには、どのように終わったのか、勝ったのか負けたのかさえも、わからなかった。星一つの補充兵《ほじゅうへい》には、それを聞いてみることもなかった。

その夜、安心して山腹《さんぷく》の広い原で、たき火をぼんぼんたいて、二月以来初めて、声高《こわだか》に話している戦友の輪の外で、この先、自分はどうなるのか、日本はどうなるのか、考えても想像《そうぞう》すらもできなかった。

ただその時、風が心地《ここち》よく吹《ふ》いていたような気が、今ではしている。

昭和五十年の四月二十九日（天長節《てんちょうせつ》）、この日で、ぼくがフィリピンから復員《ふくいん》して、三十年になる。

補充兵《ほじゅうへい》
兵力不足を補《おぎな》うために追加で集められた兵士《へいし》

天長節《てんちょうせつ》
天皇誕生日《てんのうたんじょうび》。四月二十九日は昭和天皇《てんのう》、十一月三日は明治天皇《てんのう》の誕生日《たんじょうび》で祝日《しゅくじつ》とされていた

復員《ふくいん》
軍隊が戦時の体制《たいせい》から、平時の体制《たいせい》になること。軍隊をはなれ、帰郷《ききょう》すること

毛布《もうふ》三枚
カンヅメなど
お金200円
アメリカの服《ふく》
昭和廿二年
四月廿九日
久里浜《くりはま》
復員《ふくいん》

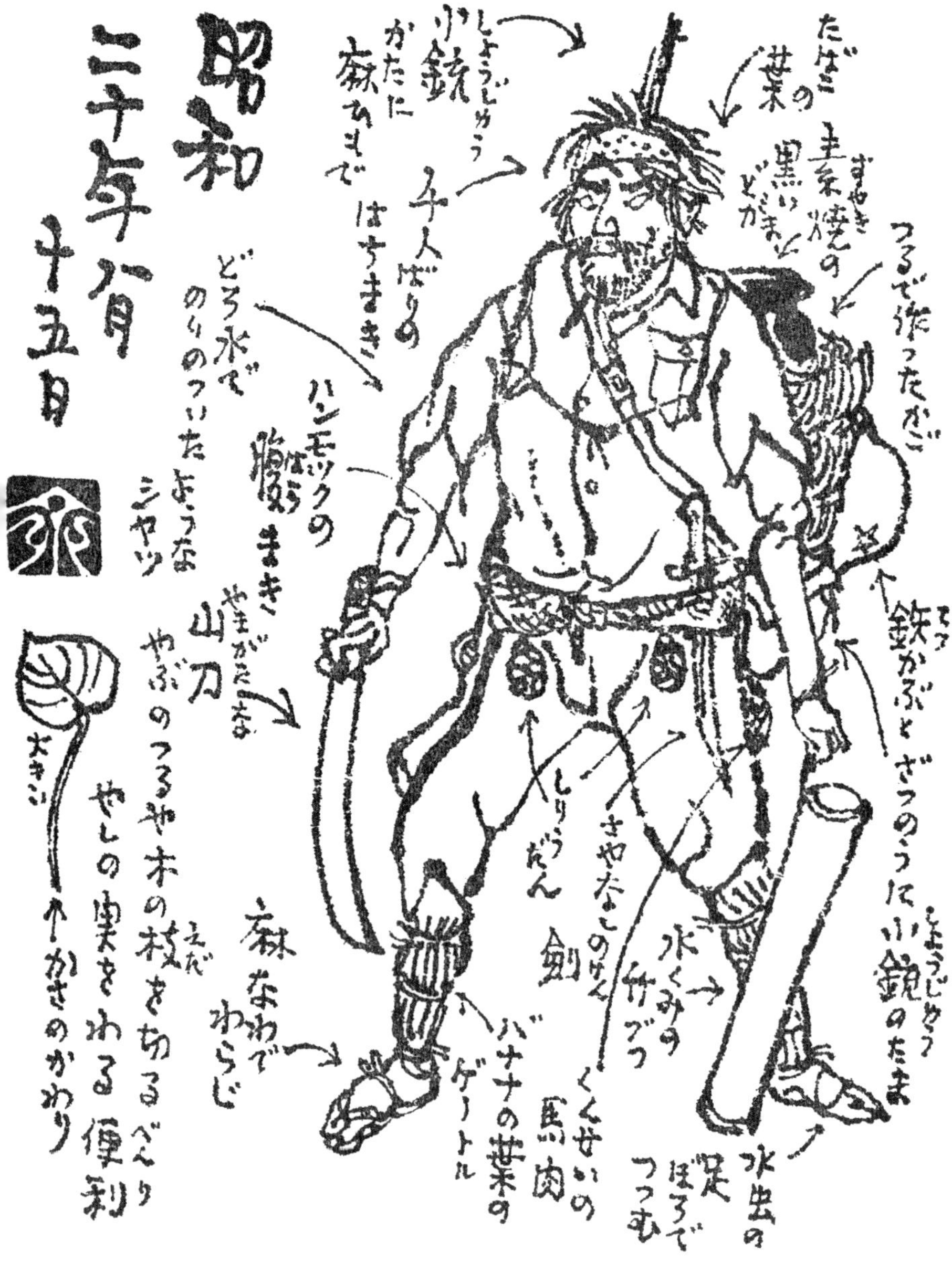

昭和二十年八月十五日
たばこの葉の
素焼《すやき》の黒いどかま
つるで作ったたばこ
鉄《てつ》かぶと
ざつのうに小銃《しょうじゅう》のたま
水虫の足ぼろでつつむ
水くみの竹づつ
くさいの馬肉
さやなしのけん
剣
しりうだん
バナナの葉のゲートル
麻なわでわらじ
小銃《しょうじゅう》かたた麻ひもで
千人ばりのはちまき
どろ水でのりのついたようなシャツ
ハンモックの腹《はら》まき
山刀《やまがたな》
やぶのつるや木の枝《えだ》を切るやしの実をわる便利《べんり》
大きい
かさのかわり

ヒリッピンの小さな島《じま》にいた
カモテカホイ
木《き》
いそ
大人《おとな》のうでほどある
皮《かわ》をむいて
鉄板《てっぱん》
チーズおろしの大きなもの
いもを粉《こな》にして
だんごを作る
いそや青《あお》いバナナをむいてるところ
バナナの葉《は》をしいてバナナの葉でふた
水不用
椰子《やし》がらのおわん
食器
かま いものかわむき
さつまいもをなまでたべる
あさひもでまいてある
一人一人もっている
雨の中でもまもる
すいじの火だね
やしの実の皮《かわ》で火なわ

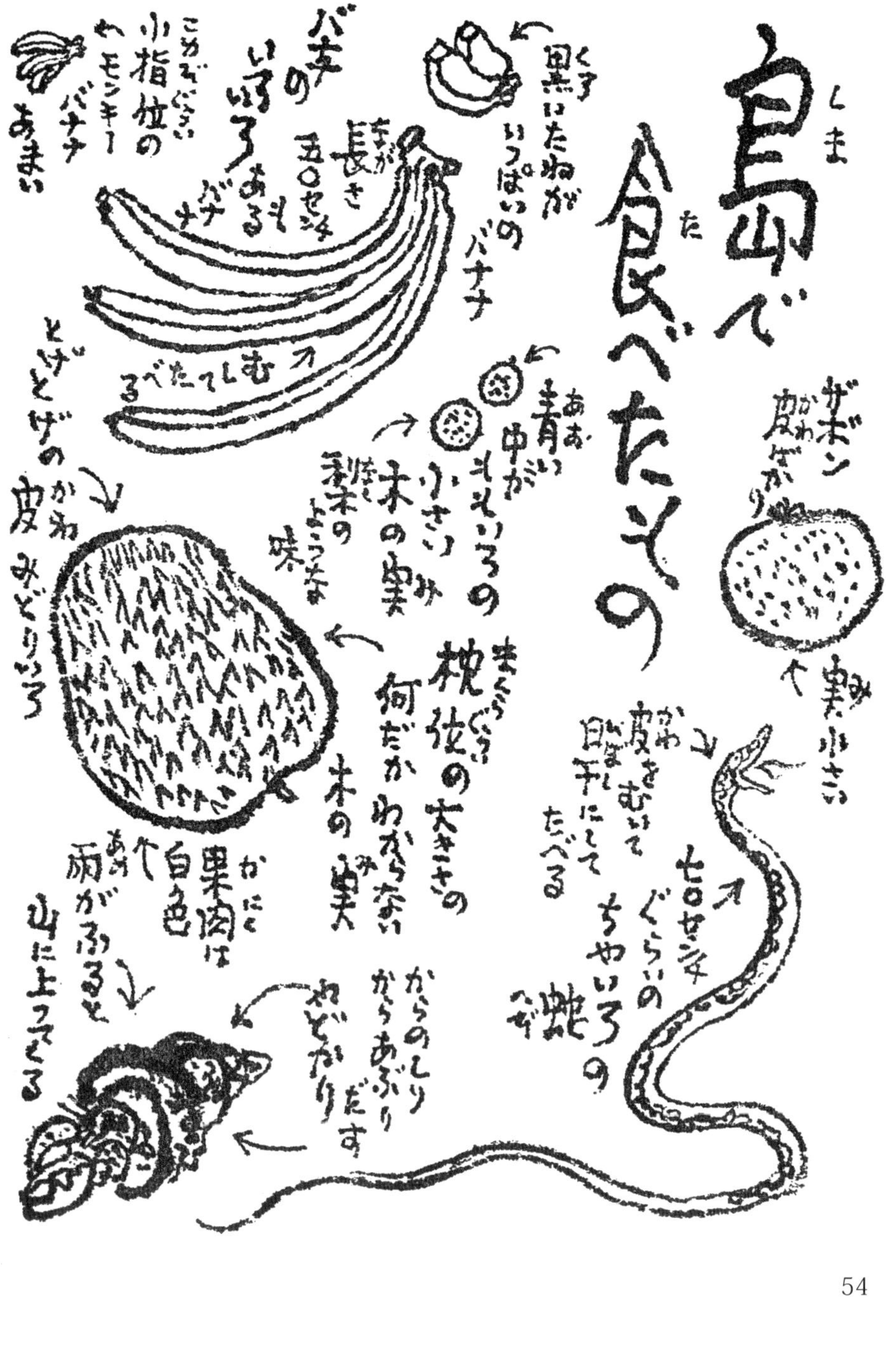
島《しま》で食《た》べたもの
ザボン
皮《かわ》ばかり
実《み》小さい
皮《かわ》をむいて
日干《ひぼ》しにして
たべる
七〇センチ
ぐらいの
ちゃいろの
蛇《へび》
黒《くろ》いたねが
いっぱいの
バナナ
青《あお》い
中がきいろの
小さい木の実《み》
梨《なし》の木のような味
枕《まくら》位《ぐらい》の大きさの
何だかわからない
木の実《み》
バナナの
いろいろある
長《なが》さ
五〇センチ
バナナ
小指位《こゆびぐらい》の
モンキー
バナナ
あまい
むしてたべる
とげとげの皮《かわ》
みどりいろ
果肉《かにく》は
白色
雨《あめ》がふると
山に上ってくる
からのとり
からあぶり
だす
やどかり

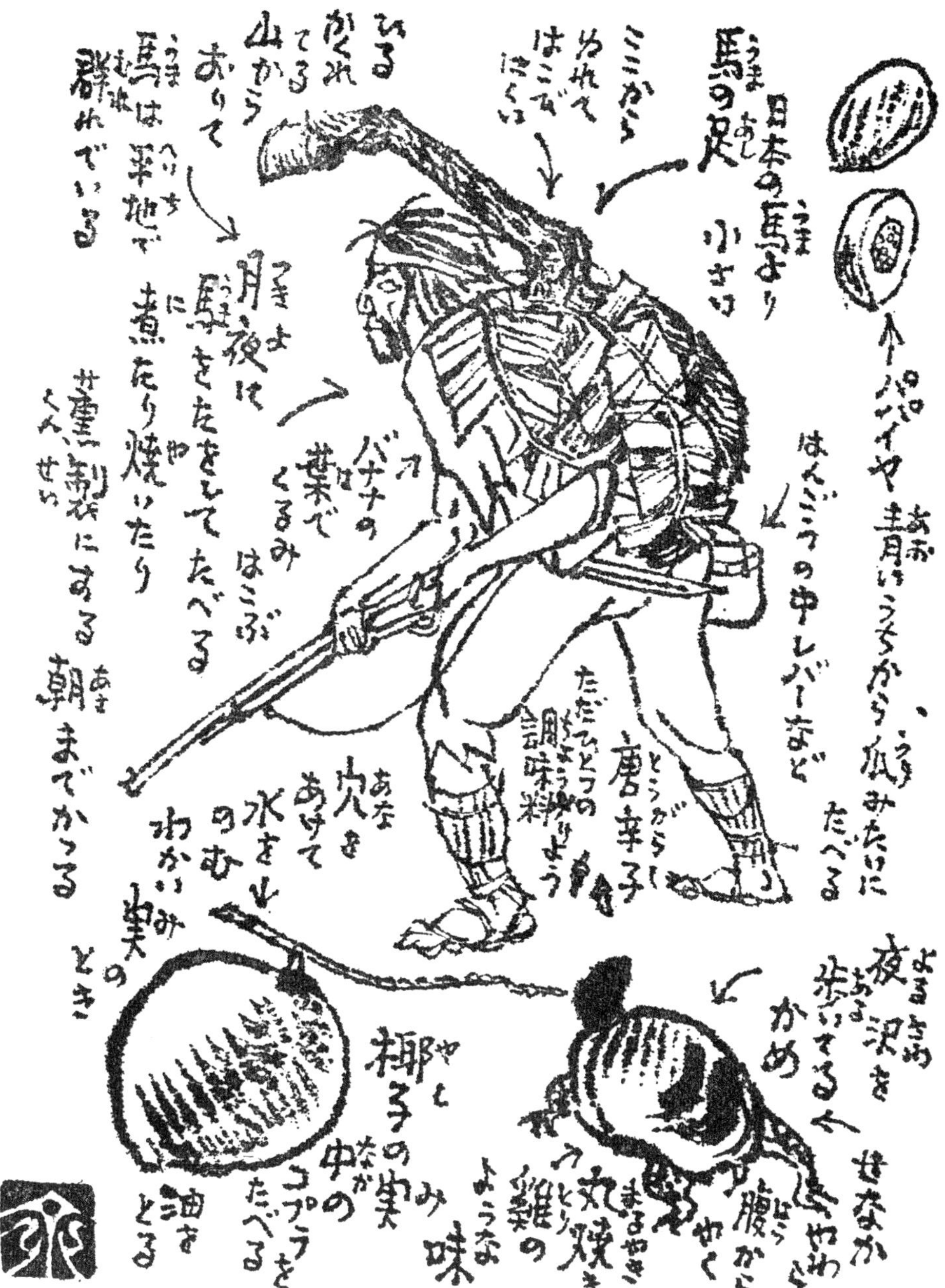
パパイヤ 青《あお》いうちから瓜《うり》みたいにたべる
はんごうの中レバーなど
日本の馬《うま》より小さい
馬《うま》の足《あし》
ここから ぬれて はこび にくい
ひる かくれてる 山からおりて
馬《うま》は平地《へいち》で群《む》れている
月夜《つきよ》に 馬《うま》をたおしてたべる
煮《に》たり焼《や》いたり
燻製《くんせい》にする
朝《あさ》までかかる
バナナの葉《は》でくるみ はこぶ
唐辛子《とうがらし》
ただひとつの調味料《ちょうみりょう》
穴《あな》をあけて水をのむ
わかい実《み》のとき
夜《よる》沢《さわ》を歩《ある》いてるかめ
せなかやわらか 腹《はら》からやく
丸焼《まるや》き 鶏《とり》のような味
椰子《やし》の実《み》
中《なか》のコプラをたべる
油をとる

この日、この時

北畠八穂《きたばたけやほ》

二十年八月十五日。この日、私《わたし》は、山形の山ン中にいました。仙台《せんだい》と境《さかい》の峠《とうげ》の村でした。分教場《ぶんきょうじょう》のまん前の、炭焼《すみやき》の家の借《か》り間《ま》でした。誠実《せいじつ》で親切な女中が、カリエスを七年病《や》んで、左足が不自由になった私《わたし》を心配して、鎌倉《かまくら》から、自分の生《う》まれたこの村へ疎開《そかい》させました。

出かける頃《ころ》の鎌倉《かまくら》は、毎日のように、東京、横浜《よこはま》へ向かう敵《てき》、アメリカのB29機が、編隊《へんたい》で空を通り、小型機《こがたき》がバラだまで地上を掃《は》くようにおどしうちをしてきていました。

峠《とうげ》の村へついた四月終わりは、まだ戦争と遠い村でしたが、夏になる

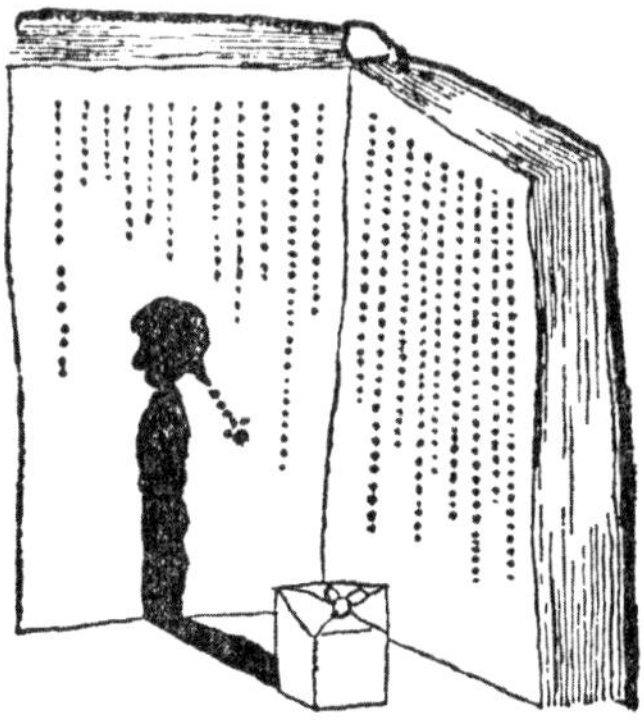

分教場《ぶんきょうじょう》 本校から離《はな》れた所に住む児童や生徒のための小規《しょうき》模《ぼ》の教場。分校

カリエス 結核菌《けっかくきん》が脊椎《せきつい》などへ感染《かんせん》することでおこる病気

疎開《そかい》 空襲《くうしゅう》からのがれて安全な地方の農村などに移《うつ》り住んだり、財産《ざいさん》など大切なものを避難《ひなん》させること

につれて戦いはきびしくなり、真夏になると、八キロと離《はな》れていない飛行場をバクゲキする敵《てき》のバクダンが、この村にも、おそろしい地ひびきで伝わりました。

「いざとなれば、岩瀧《いわたき》へひと思いにはねるス。」

いざの覚悟《かくご》も、あちこちできかれました。

八月十五日の朝、村中へふれが出ました。

「今日、ひる、分教場《ぶんきょうじょう》へ集まれと。あらたまったお達《たっ》しがあるんだと、なれ。」

私共《わたしども》は、よそゆきのモンペの上下《うえした》で、分教場《ぶんきょうじょう》へゆきました。分教場《ぶんきょうじょう》のたった一人の男先生は、式の時の国民服《こくみんふく》で、

「なんでも、天皇陛下《てんのうへいか》様の御言葉《おことば》があるズ。」

と、古ラジオの前に正座《せいざ》しました。私共《わたしども》は、そのうしろにならんで、座《すわ》り、この六畳間《じょうま》に入りきらない人は、室の外へ立ちました。

いよいよラジオ放送がはじまりました。かしこまった皆《みな》は息をつめて

B29
アメリカ軍の爆撃機《ばくげきき》。高い所を飛び、日本の飛行機では追いつけなかった

モンペ
ゆったりとした裾《すそ》を絞《しぼ》った女性《じょせい》用のズボン。動きやすく作るのも簡単《かんたん》。戦争中は政府《せいふ》による「モンペ普及《ふきゅう》運動」があり、ほぼ強制的《きょうせいてき》に着用した

国民服《こくみんふく》
物資《ぶっし》不足に対応《たいおう》し、衣服の簡素化《かんそか》をめざすため、男性《だんせい》は同じ服装《ふくそう》に統一《とういつ》された。陸軍の軍服の色のカーキ色（国防色《こくぼうしょく》）の上下で軍服に似《に》ていた

ききました。が、分教場《ぶんきょうじょう》のラジオは、ひどい雑音《ざつおん》で、まるきりわかりませんでした。やがてすむと、

「お宮《みや》のノリトのようだお声よ、な。」

「ソビエトとおっぱじめるで、イモくっても、がんばれってとこで、あんめえか。」

てんで勝手《かって》なことを言って、解散《かいさん》しました。夕方になって、町へ働きにいっていた人達が、さもさも力がぬけた足どりでもどってきて、はじめて、

「お国は、戦争にまけたんだと、なれ。」

と、わかったのです。そのとたん、私《わたし》は、血が止まった心地《ここち》でした。時の進みが無くなった思いでした。

（あっ、長兄が死ぬ。）

と心臓《しんぞう》をさしつらぬかれたのです。私《わたし》の長兄は、満州《まんしゅう》の材料廠長《しょうちょう》でした。八年前、満州《まんしゅう》へ出向《しゅっこう》を命ぜられて、東京をたつ時、送別《そうべつ》の宴《えん》で、長兄は、

ノリト（祝詞）
神職《しんしょく》が、神さまに祈《いの》るときに唱える言葉。言葉には特別な力が宿っていると考えられているため、間違《まちが》えないように、ていねいに唱える

ソビエト
現在《げんざい》のロシア。ソビエト社会主義共和国連邦《れんぽう》の略《りゃく》で、ソ連ともいう

満州《まんしゅう》
現在《げんざい》の中国東北部。日本が満州《まんしゅう》事変によってつくりあげた国家で、一九三二（昭和七）年から戦争が終わる一九四五（昭和二十）年まで存在《そんざい》した

「天皇《てんのう》の命をうけ、満州《まんしゅう》に身をつくします。」

と挨拶《あいさつ》しました。東京駅に見送りにいった時、長兄は第一軍装《ぐんそう》で、副官《ふくかん》に、白布《はくふ》で包んだ骨箱《こつばこ》を持たせていました。

「兄さん、いいかっこしいね、スタイリスト。」

私共《わたしども》は、クスッとしました。したが、心のしんでは冷っとしていたのです。長兄は、かっこうでなく、しんから死んでつくしたいつもりになりかねないたちです。そうと思いたくはない親身《しんみ》の情《じょう》で、スタイリストなぞと、笑《わら》いまぎらしたかった私共《わたしども》です。

（まけたとなれば、）

私《わたし》は、真夏なのに、凍《こお》る心地《ここち》でした。

まけたとなれば、満州国《まんしゅうこく》は、つぶれるでしょう。長兄にすれば、天皇《てんのう》の命であつかった軍の医材料は、敵《てき》へ渡《わた》さねばならないでしょう。そうなった場合、

（長兄は、とうてい生きてはいまい。）

材料廠《ざいりょうしょう》
器材などの管理や整備《せいび》を行う

第一軍装《ぐんそう》
第一種軍装《ぐんそう》。海軍の軍服で、冬季の通常勤務《きんむ》と戦闘《せんとう》時に着るもの。夏服は、第二種軍装《ぐんそう》といった

白布《はくふ》で包んだ骨箱《こつばこ》
生きては帰らない覚悟《かくご》を示《しめ》し、自分の骨《ほね》を入れるための箱を準備《じゅんび》して戦地に向かった

スタイリスト
立ちふるまいに気を配る人。気どりや

死ぬに違《ちが》いないと思う長兄のことが、いなずまの速さで、私《わたし》の頭の中を走りました。

長兄は、両親のじまんっ子でした。母が十七でうんだ長兄は、兄弟の中でも、ずばぬけてすぐれた出来でした。人より一年早く学校へ入り、決して人の次にはつかない成績《せいせき》で、仙台《せんだい》の第二高等学校理科へ進み、東京帝大《ていだい》を卒《お》えて、志願《しがん》して陸大へゆき、一年して、仕官《しかん》しました。最初から中尉待遇《ちゅういたいぐう》でした。

日本にいた頃《ころ》も、時折、菊《きく》の御紋章《ごもんしょう》のついた恩賜《おんし》のタバコを、父にもってきました。父はおしいただいて、長兄の手柄《てがら》だと喜《よろこ》びました。

満州《まんしゅう》へいってから、長兄は、どんな寒さにも狂《くる》わない検温器《けんおんき》をつくり、キンシクンショウをいただきました。この時と、長兄が少将《しょうしょう》になった時の父は、目をうるませて、

「亡《な》くなった母さんに、みせたかった。我《わ》が子ながら、顕太郎《けんたろう》は。」

と声をつまらせました。

陸大
陸軍大学校。旧《きゅう》日本陸軍の教育機関。昭和二十（一九四五）年に廃校《はいこう》

仕官《しかん》
役人になること

中尉《ちゅうい》
軍の階級のひとつ。階級を大きく三つに区分した「士官《しかん》」「下士官《かしかん》」「兵」のうち士官《しかん》にあたる位

菊《きく》の御紋章《ごもんしょう》
天皇家《てんのうけ》の家紋《かもん》

恩賜《おんし》
天皇《てんのう》からいただいたもの

長兄が満州《まんしゅう》へいったあと、私《わたし》は、カリエスが再発《さいはつ》して、ねこみました。

手紙の字のまことに下手《へた》な長兄は、その下手《へた》な字で、こまごまと、「マコは、ワレラ優秀《ゆうしゅう》な兄三人の、たった一人の妹ではないか。体だけは、もちなおせ。あとは三人の兄が守る。」と冗談《じょうだん》まじりに、はげましてき、おわりには必ず、「道之《みちゆき》と和子は、マコ叔母《おば》にたのむ。」と内地《ないち》に残した子をたのんできました。

長兄の長男道之《みちゆき》は、長兄が満州《まんしゅう》へゆく時、中学上級でした。時の第一高等学校理乙《おつ》をうけてパスし、駒場《こまば》の寮《りょう》から土曜になれば、友人を連れて、鎌倉《かまくら》の私《わたし》の所へきました。

その妹の和子も、岡山高女を出ると、鎌倉《かまくら》の私《わたし》の所へきていました。ねこんだ私《わたし》が、女中ばかりの看病《かんびょう》ではと、きてくれたのです。

つまり長兄の子二人共《とも》、私《わたし》が、手もとにあずかったさまになっていま

キンシクンショウ（金《きん》鵄勲章《しくんしょう》）
特に優《すぐ》れた陸海軍人にあたえられた勲章《くんしょう》

少将《しょうしょう》
軍の階級のひとつ。大《たい》将《しょう》、中将《ちゅうしょう》の次にえらい位

内地《ないち》
日本国内。満州《まんしゅう》など海外を外地といったことに対しての言葉

第一高等学校
現在《げんざい》の東京大学教養学部と千葉大学医学部、薬学部の前身。「旧制一《きゅうせいいち》高《こう》」とも呼《よ》ばれる

した。

甥道之《おいみちゆき》は、東京帝大《ていだい》の医科を出て、郷里《きょうり》青森の五連隊に見習医官《みならいいかん》として、入営《にゅうえい》しました。姪《めい》和子は、やはり一高、東大工科出の青年に嫁《とつ》ぎ満州新京《まんしゅうしんきょう》の任地《にんち》へゆきました。

親身《しんみ》が誰《だれ》もそばにいなくなった、不自由な体の私《わたし》を、長兄は、いっそう心配したのでしょう。鎌倉《かまくら》から文士方《ぶんしかた》が従軍《じゅうぐん》して満州《まんしゅう》へゆくと、訪《たず》ねて、もてなし、妹をよろしくと頼《たの》んでは、その人方のオーバーの裏《うら》に、アストラカンの毛皮《けがわ》をぬいつけて、

「恐《おそ》れいりますが、これを妹にとどけて頂《いただ》きたい。」

と、たのんだのです。アストラカンの毛皮《けがわ》は八枚《まい》とどきました。ねたきりの私《わたし》に、これをつぎ合わせて、敷《し》いてねるようにとです。私《わたし》についてくれる女中二人にも、匂《にお》いのいい石鹸《せっけん》の中に、ルビーや、黄玉《こうぎょく》をぬりこめたのを、飛行機で東京へ使《つか》する人達に、ことづけてとどけてきました。

その女中の年かさの方は、十九年、瀬戸内海《せとないかい》に住む恋人《こいびと》と結婚《けっこん》し、も

五連隊
日本陸軍第八師団《しだん》歩兵第五連隊。冬の八甲田《はっこうだ》ごえの訓練《くんれん》中に記録的《きろくてき》な寒波にあい遭難《そうなん》。隊員一九九人が死亡《しぼう》した

入営《にゅうえい》
軍人たちがいる建物（兵営《へいえい》）にいくこと。入隊すること

親身《しんみ》
家族や血縁《けつえん》関係のある近い身内

アストラカン
ソ連（現在《げんざい》のロシア）のアストラハン市特産の巻《ま》き毛の羊で、生まれたばかりの子羊の毛皮

一人が、私《わたし》を山形に疎開《そかい》させたわけでした。

甥道之《おいみちゆき》は、見習医官《みならいいかん》でしたから、病人を送って、関東、関西へ、行かされることがありました。その帰りは、駅から八キロはある私《わたし》の疎開先《そかいさき》へよって、送った病人の家から礼にもらった、酒カス、ソーメン、塩などと、軍病院医務室《いむしつ》へ、患者《かんじゃ》の家から、とどけられる、菓子《かし》、ハムの自分のわりあてを、残しておいた分を持ってきてくれました。

私《わたし》は、北海道の漁場《りょうば》もちの従姉《いとこ》から送ってくる干魚《ひうお》、すじこ、山形鯉《こい》のアメ煮《に》、サクランボ、桃《もも》、西洋梨《なし》など持たせました。

元気なこの甥《おい》に会うことは、無上《むじょう》のたのしみでした。だから、敗戦《はいせん》ときいて、

(道之《みちゆき》が帰ってくる。)

嬉《うれ》しさが湧《わ》くと同時に、

(その道之《みちゆき》の父、長兄が死ぬ。)

と、ギックリきたのでした。生きて帰らないと言ったら、きっと死ぬ長

黄玉《こうぎょく》　トパーズのこと。おうぎょく

兄の出来です。

もう会えないだろう長兄のことが、しきりに思い出されました。

長兄は数え年二つから、母の里で育ちました。母の里は男っ気のない士族《しぞく》の家でした。母方の祖父《そふ》は、明治維新《いしん》にチョンマゲと刀をすてかね、離島《りとう》小笠原《おがさわら》へ教師《きょうし》になっていってしまいました。母の一人の弟、叔父《おじ》は、朝鮮《ちょうせん》へ日本の郵便局《ゆうびんきょく》をつくりにいってしまったのでした。母の里は、母方の祖母《そば》と、母の伯母《おば》とだけでした。長兄は中学を卒《お》えるまで、弘前《ひろさき》城下町の母の里で育ちました。

たまの夏冬の休みには、一斗袋《いっとぶくろ》に杏《あんず》とか、もちとかをいっぱい入れて土産《みやげ》にし、私共《わたしども》の所へ遊びにきました。そんな時、長兄は、起きるなり袴《はかま》をキチンとつけて、机《つくえ》に座《すわ》りました。おっとりした次兄、きかんぼの三兄とは、まるきりちがっていました。

私《わたし》が三つの夏、洪水《こうずい》になった時、来合わせていた長兄は、重ねた畳《たたみ》の上にのせられている私《わたし》を、流れるほどの水にタライを浮《う》かべてのせて、

一斗《いっと》 容積《ようせき》の単位。約十八リットル

おしたりひいたり遊ばせました。

冬休みで来た長兄が、母の急病《きゅうびょう》に、三つ半の私《わたし》をおぶって、二キロ先の父方の祖父母《そふぼ》の隠居所《いんきょじょ》へとどけにゆく途中《とちゅう》、ともすれば、むき出しになる私《わたし》のすねを、自分の手でぬくめ、

「マコ、我々《われわれ》の御先祖《ごせんぞ》はな、立派《りっぱ》な人だぞ。」

と、南朝《なんちょう》の忠臣親房卿《ちゅうしんちかふさきょう》が、学問にもすぐれた人だったと話し、母から離《はな》れたかなしさと、寒さ冷たさとに、なきたい私《わたし》をなかせませんでした。

私《わたし》が小学二年の春、長兄は、高校生で、仙台《せんだい》からの帰り、すばらしい土産《みやげ》をくれました。帽子《ぼうし》のひさしいっぱいに、リボンの花が咲《さ》いてるボンネットでした。

学校ぎらいの上に、百日ゼキで、一年生のあらかたを欠席した私《わたし》は、二年になってやっと学校へいき出していました。その頃《ころ》めずらしい編上《あみあ》げのくつを父がはかせ、そのくつとボンネットにあやされて、私《わたし》は学校にいく気が出たみたいでした。ボンネットは、仲間皆《みな》がうらやましがり

親房《ちかふさ》
北畠親房《きたばたけちかふさ》。鎌倉《かまくら》時代後期から南北朝時代の公《く》卿《ぎょう》、歴史家

ボンネット
女性《じょせい》・子ども用の帽子《ぼうし》。頭頂《とうちょう》から後ろにかけて深くかぶり、あごの下でひもを結ぶ

ました。浅虫温泉《あさむしおんせん》へ遠足へゆくまでに二人が、東京から取りよせました。

こうして学校へいき出した私《わたし》が、体が弱くて休みがちになると、長兄は、おとぎ話の本を送ってくれました。どうにか附属《ふぞく》小学校をトップで卒業しますと、長兄は、ラクダが針《はり》の穴《あな》を通ったごほうびと厚《あつ》い字引《じびき》をくれました。

女学校へ入って、テニス、ローラースケート、スキーと夢中《むちゅう》になって遊ぶ私《わたし》に、長兄は、「授業《じゅぎょう》時間中だけは、先生から目を離《はな》すなよ。」ときかせ、私《わたし》がやたら手当《てあた》り次第《しだい》の本を読みあさるのを、母がとめさせようとすると、長兄は、

「このへナカス、どんな本でも読めば、まだましでしょう。読ませてやってください。」

とたのんでくれ、有島武郎《ありしまたけお》、島崎藤村《しまざきとうそん》と、次々《つぎつぎ》に文庫本を送ってくれました。聖書《せいしょ》物語も、仏教《ぶっきょう》の印度《いんど》神話《しんわ》も、この中で読みました。文庫本をそろえるたのしみが出来たと、しらせると、長兄は、任官《にんかん》して月給がと

字引《じびき》
辞書《じしょ》や辞典《じてん》のこと

れてからは、本代もくれました。

私《わたし》が十五の時、長兄の長男道之《みちゆき》が生まれ、七ヵ月日の夏、初めて青森の家へ連れてきました。その時、長兄は、二兄、三兄、私《わたし》に、

「叔父上様方《おじうえさまがた》、叔母上様《おばうえさま》、これからお世話ねがいます。いたって上出来のあなた方の甥《おい》で。」

と、赤ンぼにおじぎさせました。それから二年目に、私《わたし》は東京の専門学《せんもんがっ》校《こう》に進み、この長兄の家から通いました。長兄は、ひまをみては、私《わたし》を東京中連れてまわり、日比谷《ひびや》の音楽会、友人の家へも連れだちました。

一家をもってからも、私《わたし》は鎌倉《かまくら》、長兄は東京。兄弟のうちで、こう近いのは、上と下の二人きりでしたから、甥道之《おいみちゆき》が小学校では、乙《おつ》ばかりなのに、中学へはトップで入った喜《よろこ》びは、まっさきに、長兄が私《わたし》のところへ知らせにきました。私《わたし》は軽いがちの財布《さいふ》を、佐官《さかん》に昇進《しょうしん》していた長兄に足《た》してもらいにゆきました。

乙《おつ》ばかり
当時は学校の成績《せいせき》を、甲《こう》乙丙丁《おつへいてい》で示《しめ》していた。甲《こう》が一番良い評価《ひょうか》で、乙《おつ》は二番目の評価《ひょうか》となる

佐官《さかん》
軍の階級制度《せいど》で、上から四番目から六番目の、少《しょう》佐《さ》から大佐《たいさ》までを指す

（あの長兄が、きっと死ぬ。）

という思いは、たえがたいものでした。空をとんで満州《まんしゅう》へいきたかったのです。が、いってみて、とめても、とまる長兄ではないのです。

よんどころなく窮地《きゅうち》にきわまって私《わたし》は、にごった水が澄《す》んでゆくように、

（長兄の、しのこした志《こころざし》は、甥道之《おいみちゆき》がつぐ。）

と、祈《いの》りの心地《ここち》になりました。

案の定《じょう》。半年あとに知りましたが、長兄は死にました。

二十年八月十五日の夜ふけ、ここで、長兄のことは、はらわたをたつ気でケリをつけ、さて、まけたとなれば、この先でした。

（敗国民のはじで、いっときに死ななければならなかったら、）

その時は、父方の先祖親房卿《せんぞちかふさきょう》の魂《たましい》と、母方の武士《ぶし》の血とで、

（いさぎよく処決《しょけつ》しよう。それは一瞬《いっしゅん》のことだ。）

が、生きなければならなくなった時、これは難事《なんじ》だ。充分《じゅうぶん》の分別《ふんべつ》がい

よんどころなく
たよるところがなく。仕方がなく

窮地《きゅうち》にきわまって
限界《げんかい》に達して

処決《しょけつ》
自分の進退《しんたい》や生死の覚悟《かくご》を決めること。自死すること

ると思いめぐらしました。鎌倉《かまくら》の家には、米もカンヅメも、しばらくくらせるだけはたくわえてあったが、留守番《るすばん》の人が、食料不足に、そのままではおくはずがありません。とすれば、この山村を引きあげてゆく時、米、ミソ、炭は、用意しなければと、数えあげました。

（負けた国の、いままでの貯金《ちょきん》は、通用しなくなるかも知れない。）

左足が不自由な私《わたし》が、働くとなれば、ものをかくよりないと、こんどこそ、自分の名をつけて、かく決心がつきました。

合図のように、ボンと一時の柱時計が鳴りました。

負けた国に、生きてゆくのは、見当《けんとう》もつかないことでしたが、もしその場合はと、八方の方法を考えておかねばなりませんでした。目がさえました。

するうちに、夜があけかけました。真暗から紺《こん》に、紫《むらさき》に、青に――ねむれなかった一夜です。

何かまったく昨日の朝とは、別な日がきた心地《ここち》でした。雨戸をあけて、おどろきました。

血のしたたる生肉が、洗面器《せんめんき》に山盛《やまも》りに、ぬれ縁《えん》においてあったのです。

「こりゃん、どうしたことだべ、なれ。」

女中モヨ子は、まむかいの分教場《ぶんきょうじょう》に、すっとびました。分教場《ぶんきょうじょう》では、

「負けたんだ。アメリカが入ってくるべ。したらば、ベコ（牛）とられてくわれる。その先に、ベコくってしまうべいってんだろに。どこの家でやったか、わかるととがめがおっかないから、夜半にやって、わけたんだべ。」

だまって、こっそり、くっちまえと、いわれました。したが、こっそりさっと、くってしまえる量ではありません。さっそく大《おお》切《ぎ》れにきって、牛肉についていた油をとかして、それであげました。

冷蔵庫《れいぞうこ》のない山ン中の真夏です。

あげてみたら、あまりどっさりなのです。

ぬれ縁《えん》
建物の外につくられた、屋根や壁《かべ》などがない雨ざらしの縁側《えんがわ》

「東京鎌倉《かまくら》へとどけたいことね。」

となり、モヨ子の兄ちゃんで、も少しで出征《しゅっせい》するところだったのが、急にフイになり、勢をもてあましている青年に、

「どうなってるか、いってみてきます。」

というモヨ子をつけて、米、もらいためたブドウ汁《じる》、くるみの実などと、牛肉あげの荷をもたせ、東京鎌倉《かまくら》の知人にと、たたせました。

この使いは、四日目に帰りました。

「東京はヤケのハラ、鎌倉《かまくら》は、川端《かわばた》さんとこも、小林さんとこも御無事《ごぶじ》、島木さんはお留守《るす》。」

お留守《るす》の分は、隣《となり》にたのんできたとのことでした。若《わか》い兄妹はつかれもみせず、

「ただ鎌倉《かまくら》の家は、また留守番《るすばん》が変わっていて、知らない人でした。家の中はワヤで。」

危《あぶ》なそうになると、ことわりなしに留守番《るすばん》は、次の人を入れて立《た》ち退《の》

出征《しゅっせい》
兵士《へいし》として軍隊に入ること

ワヤ
むちゃくちゃ。ひどい

くのでしょう。私《わたし》は、ここで、もひとつ分別《ふんべつ》しました。（いちばん親しい島木家に頼《たの》んで、鎌倉《かまくら》の家を、どうにか帰ってゆける状態《じょうたい》にしてもらわねば。）

しかし第一の心頼《こころたの》みにした島木家は、八月十七日に、当主《とうしゅ》健作氏が亡《な》くなられていたのでした。モヨ子が訪《たず》ねた時は、おそらくキトクで、そっくり病院へいっていたのでしょう。

モヨ子とおちかつに、甥道之《おいみちゆき》が、終戦中尉《ちゅうい》になって疎開先《そかいさき》へ帰ってきました。

「唯今《ただいま》帰りました。もう大丈夫《だいじょうぶ》ですよ。」

ニコッとしました。私《わたし》もニコッとしたでしょう。

軍の気つけ薬代《が》わりのチョコレート棒《ぼう》と、鮭《さけ》カンの箱をかついできました。病人をおくり出すのに、昼夜、ねる間もなかったと、少し青い顔でした。休んでから来る心の余裕《よゆう》はなかったのです。全員まっしぐらに帰ったのでしょう。

おちかつに
時間の差がなく。優劣《ゆうれつ》の差がないこともいう。乙《おつ》甲《かつ》心ばかりの赤飯《せきはん》、鮭《さけ》カン、茄子《なす》やき、瓜汁《うりじる》の祝膳《いわいぜん》は、わずかたべましたが、これから四十日、道之《みちゆき》は病《や》み、おもゆ、くだものの汁《しる》、やさいスープで、ガクッとやせてねつきました。

(長兄ない後の道之《みちゆき》が、これでは。)

私《わたし》は肝《きも》がちぎれそうでした。やがて床《とこ》ずれで、

「背中《せなか》が痛《いた》い。」

と言う二十四歳《さい》のこの甥《おい》を、私《わたし》は自分の背骨《せぼね》がダメなのも、左足が曲《まが》っているのも忘《わす》れて、両手で抱《だ》き上げました。抱《だ》かれた甥《おい》がおどろいて、

「あっ、叔母《おば》ちゃん、骨《ほね》が折れてるのに。」

とさけんだのです。道之《みちゆき》がなおってから、私《わたし》は曲《まが》った左足のつけ根がはれて、くだけた骨《ほね》がどっさり出ました。

敗戦で、長兄が死ぬと切《せつ》なかったのと、甥道之《おいみちゆき》がもしもとの心労《しんろう》でつかれたのでしょう。

「自分の骨《ほね》を生きているうちに、手にとる。」

とふざけて、私《わたし》は匂袋《においぶくろ》に自分の骨《ほね》をあつめました。切開《せっかい》して、このくだけた骨《ほね》を出す役は、医者の道之《みちゆき》と、も一人、青森が戦災《せんさい》で焼け、私《わたし》の疎《そ》開先《かいさき》にきていた三兄の長男、獣医《じゅうい》科生の一郎《いちろう》でした。道之《みちゆき》は、ていねいなのに痛《いた》く、一郎《いちろう》の手術《しゅじゅつ》は痛《いた》くないのでした。

そう言うと、道化者《どうけもの》の一郎《いちろう》は、

「人の医者には、痛《いた》くても、憎《にく》まれてもっと痛《いた》くされては、かなわないから、ありがとうございます、先生のおかげ様でと、おべっかを言う。だけど、けだものは痛《いた》ければ、遠慮《えんりょ》なく、かじるか、けとばすか、角《つの》でつくか、だ。人の医者と、獣《けもの》の医者が、技術《ぎじゅつ》の差が出来てくるところは、そこにあるんですな。」

と笑《わら》わせました。この一郎《いちろう》は美男なので、村の娘《むすめ》達から、よく恋文《こいぶみ》をもらいました。それがきまって「一郎《いちろう》さんお元気ですか。私《わたし》も元気です。お母さんによろしく」式だけで、一郎《いちろう》はこれをそれぞれの娘《むすめ》の声色《こわいろ》で読みました。

村で手紙とは、この式だったのでしょう。戦地からきた手紙も、万感《ばんかん》こめて、この式だったのではないかと、笑《わら》う目がぬれました。

半年近く世話になった村に、私《わたし》は、各家の人数分、下駄《げた》の鼻緒《はなお》を作って、おき土産《みやげ》にし、米、炭、ミソも相当に都合《つごう》してもらい、ふとん包にかくして、鎌倉《かまくら》へ帰りました。

帰ってみると、十四年、我《わ》が家として住んだ家が、売られようとしていました。

もともと、友人にまとまった金をかした代わりに、いずれその友人の親御《おやご》が亡《な》くなれば、名義《めいぎ》をかえる約束で住んでいた家でした。

友人は、その金を親には話せないことに使ったらしいのです。友人の親御《おやご》も、敗戦で、その家を売らねばならない破目《はめ》にたちいたったのでしょう。万事《ばんじ》休す、です。

住む家のない人は大勢《おおぜい》いました。戦災《せんさい》で家をやかれた人、強制《きょうせい》取りこわしで家を失《な》くした人、疎開《そかい》からもどったら、外の人が住んでいたりで

強制《きょうせい》取りこわし
空襲《くうしゅう》で燃《も》え広がることを防《ふせ》ぐため、住宅密集地《じゅうたくみっしゅうち》の家屋を強制的《きょうせいてき》に解体《かいたい》して「防空《ぼうくう》空地」を設《もう》けること

した。借家《しゃくや》はなかなかみつかりません。が、立《た》ち退《の》かねばならない日は、せまってきます。

こうなると、無い智恵《ちえ》が出るものです。私共《わたしども》は、ゆきつけの病院に、半年分の入院料を前払《まえばら》いして、私《わたし》が病人、あとはつきそいで引越《ひっこ》しました。病院では、事情《じじょう》を知っていましたから、角の大室に控室《ひかえしつ》と玄関《げんかん》がついた一かまえと、簡単《かんたん》な炊事場《すいじば》をかしてくれ、奥《おく》の空室《あきしつ》も書斎《しょさい》に使わしてくれました。

二十年の年末、再刊《さいかん》した「新潮《しんちょう》」に、私《わたし》は、はじめて自分の名を署名《しょめい》して、「自在人《じざいにん》」という小説をかきました。生《う》まれ変わった心地《ここち》でした。

戦争がはげしくなってから、しばらく雑誌《ざっし》も出ず、本の出版《しゅっぱん》もとだえた上、戦火に焼かれて本も少なく、世は活字にうえていた時です。

急に出版社《しゅっぱんしゃ》がどっとふえ、たちまち消えたりしました。物価《ぶっか》はぐっと上がり、それまでの持ち金は役に立たず、新円の札《さつ》を手に入れるには、夜昼、原稿《げんこう》をかくよりないのでした。病院住《ずま》いになってからは、静脈注《じょうみゃくちゅう》

新円
政府《せいふ》は、一九四六（昭和二十一）年二月、戦後の物価上昇《ぶっかじょうしょう》を防《ふせ》ぐために、新紙幣《しんしへい》を発行し、それまで使っていた紙幣《しへい》の流通を止めた（新円切り替《か》え）。銀行から引き出せる金額《きんがく》にも制限《せいげん》をかけた

静脈注射《じょうみゃくちゅうしゃ》
薬や栄養剤《えいようざい》を血管（静脈《じょうみゃく》）に直接《ちょくせつ》注入する注射《ちゅうしゃ》方法。点滴《てんてき》に似《に》ているが、点滴《てんてき》は少しずつ血管に入れていくのに対して、注射《ちゅうしゃ》で一気に入れる

射《しゃ》、栄養剤《えいようざい》で、かけるだけかきました。

どんどん高くなってゆく土地価です。家屋敷《いえやしき》を買わねば、住む家が無いのです。

みかねて、新潮社《しんちょうしゃ》と講談社《こうだんしゃ》で、小切手をかいてくれました。それで鎌倉山《かまくらやま》に京風の五間《ま》の家をもとめ、東西の端《はし》に小さい書斎《しょさい》と茶室をたてましました。やっとねぐらが出来たわけです。

(やれば、できがたいことも、できてくる)

と、でかしてみて、身にしみたことでした。

八月十五日は、私《わたし》にゆく先がまったく閉《と》じれば、つき破《やぶ》っても開《あ》けねばならぬ転機《てんき》ということを、肝《きも》のしんに思い識《し》らせた、この日、この時でした。

小切手
現金《げんきん》の代わりに、振出人《ふりだしにん》名や金額《きんがく》を書きこんで取引相手にわたすことができる証券《しょうけん》

焼《や》け跡《あと》に敬礼《けいれい》

さねとうあきら

そのころは、国民学校の校門のそばに奉安殿《ほうあんでん》がありました。天皇陛下《てんのうへいか》と皇后陛下《こうごうへいか》の写真をおさめた、倉《くら》のような建物です。

昭和十八年ごろになると、ぼくたち国民学校の生徒は、戦闘帽《せんとうぼう》をかぶり、防空頭巾《ぼうくうずきん》を腰《こし》にさげて、班《はん》ごとに整列して登校することになっていましたが、毎朝、この奉安殿《ほうあんでん》の前までくると、

「敬礼《けいれい》！」

国民学校
昭和十六（一九四一）年、国民学校令によってそれまでの尋常《じんじょう》小学校と高等小学校は「国民学校」と変わり、初等科六年と高等科二年の八年制《ねんせい》となった。学習内容《ないよう》や学校行事なども戦争にかかわることが多くなった

と、班長《はんちょう》が、号令をかけました。

三年生でも、早生《うま》れだったぼくは、からだの小さいのをよいことに、なるべく人の後ろにまぎれこんで、うまくごまかそうとしましたが、いじのわるい班長《はんちょう》は、ゆだんなくぼくの敬礼《けいれい》をみていて、

「こらっ、なんだ、その敬礼《けいれい》は……」

たちまち、やりなおしです。

小さいころから、本ばかり読んでいて、あんまりおもてであそんだことのなかったぼくは、なにをやらせても、たいそうぶきっちょで、

「しゃんと、胸《むね》をはれ！」

「指先まで、ぴんとのばすんだ！」

「きょろきょろすんな！」

と、たてつづけに注意されますと、ますますからだがこわばって、とてもルバング島の小野田《おのだ》さんみたいなりっぱな敬礼《けいれい》はできず、ソンゴクウが雲の上から下界をながめてるみたいなかっこうになってしまいました。

戦闘帽《せんとうぼう》　略式《りゃくしき》の軍帽《ぐんぼう》。カーキ色の作業帽《ぼう》で、国民服を着るときにかぶった

防空頭巾《ぼうくうずきん》　布《ぬの》の内側に綿《わた》などがつめられた、頭を守るためのかぶりもの

敬礼《けいれい》　右手を曲げて帽子《ぼうし》のひさしの高さに挙げて、手をそえる礼

小野田《おのだ》さん　小野田寛郎《おのだひろお》さんは、終戦後もアメリカ軍の敗戦通《つう》告《こく》と投降《とうこう》の呼びかけに応《おう》じず、二十九年たってから日本へ帰還《きかん》した

敬礼《けいれい》もろくろくできないということは、このころの子どもにとって、なによりもはずかしいことでした。町のあちこちには、〈予科練《よかれん》〉や、〈少年戦車兵募集《しょうねんせんしゃへいぼしゅう》〉のポスターが、ぺたぺたはってあって、いずれもりりしい軍服姿《ぐんぷくすがた》の少年が、天をにらんで、ぴたっと敬礼《けいれい》していました。

ぼくだって、ゆくゆくは帝国軍人《ていこくぐんじん》になって、天皇陛下《てんのうへいか》のためにりっぱに死のうと、だれよりもつよく思っていましたが、こうやって毎日のように列の外へひっぱりだされ、

「敬礼《けいれい》！　もとえ、敬礼《けいれい》！」

と、まるでみせもののように、特訓《とっくん》をやらされると、自分の運動神経《うんどうしんけい》のなさに、つくづくあいそがつきて、

——これで、りっぱな軍人になれるんだろうか……？

と、かなしくなりました。

かけっこをやらせれば、いつもびりっかす、三年生になっても、三段《だん》のとび箱《ばこ》もとべず、桜《さくら》の枝《えだ》にわたした竹の棒《ぼう》をよじのぼる〈けんすいの

予科練《よかれん》　海軍飛行予科練習生の略称《りゃくしょう》。自分から希望した十四歳《さい》から十七歳《さい》までの少年の中から試験《しけん》に受かった者が学ぶ訓練校。優秀《ゆうしゅう》な戦闘機《せんとうき》乗り（パイロット）になるため、学科や射撃《しゃげき》、航空機《こうくうき》の操縦《そうじゅう》などの厳《きび》しい訓練が行われた

少年戦車兵《しょうねんせんしゃへい》　陸軍少年戦車兵学校で二年間、戦車関係の下《か》士官《しかん》となるように教育を受けた十四歳《さい》から十九歳《さい》の少年

ぼり〉では、いつも下のほうでもたもたしているぼくは、先生になぐりとばされるために生きているような、ぐずでのろまの役たたずでした。

なにしろ、世界を相手《あいて》に戦争しても、ぜったいに負けない土根性《どこんじょう》をきたえようというのですから、〈なせばなる〉のバレーボールの監督《かんとく》さんみたいなオニ先生が、たった八歳《さい》か九歳《さい》のぼくらまで、力まかせにひっぱたきました。お国のため、戦争のためならば、どんなひどいことをしたって、ゆるされたのです。

毎月八日の〈大詔奉戴日《たいしょうほうたいび》〉には、全校の生徒が運動場に出て、オリンピックの入場行進のような分列行進をやらされましたが、右足をふみだすと右手までくっついていってしまうぼくは、すこし歩いていくうちに、前の人と歩調があわなくなり、なんべんも足をひきずって、足なみをあわせようとしますが、あせればあせるほどくるってしまい、後ろにつづく人たちをこまらせました。

そのころは、ひとりでも失敗すると、組全体、班《はん》全員が、なぐられた

なせばなる
昭和三十九（一九六四）年の東京五輪でバレーボール女子日本代表を金メダルに導《みちび》いた大松博文《だいまつひろふみ》監督《かんとく》の言葉で、強い意《い》志《し》をもって努力すれば願いはかなうという意味

大詔奉戴日《たいしょうほうたいび》
太平洋戦争開戦日である十二月八日にちなみ、毎月八日に行われた戦意高揚《こうよう》のための国民運動

り、なんべんもやりなおしをさせられましたので、ぼくのような友だちをもつことは、たいそう迷惑《めいわく》だったにちがいありません。

こうやって、くる日もくる日も、へまばかりしてかしていますと、もともと気が小さいぼくは、すっかりノイローゼになってしまいました。

朝、「頭がいたい」と思うと、体温計のほうもぐんぐん上がり、「おなかがいたい」と思うと、ざあざあ下痢《げり》をしました。

ずる休み仮病《けびょう》のはじまりです。

三年生の三学期になると、学校にまともにいかなくなりました。

半病人のような顔で、ふとんにもぐりこんだままのぼくをみて、さすがに両親も心配になったのか、大きな病院につれていって、診察《しんさつ》してもらうことにしました。

――ばれたら、どうしよう?

血沈《けっちん》・レントゲン撮影《さつえい》と、検査《けんさ》がすすむうちに、ぼくは、こわくてこわくて、あぶらあせが流れました。今でも、昔でも、ずる休みはいけな

血沈《けっちん》
血液《けつえき》中の赤血球が、試薬の中をどれくらいの速さで沈《しず》むかを測《はか》る検査《けんさ》。数値《すうち》によって病気の有無や病勢《びょうせい》を判断《はんだん》する

いにきまっています。まして戦争中は、仮病《けびょう》をつかって学校を休んだりしたら、非国民《ひこくみん》の犯罪人《はんざいにん》にされてしまいます。

ところが、お父さんにわたされた診断書《しんだんしょ》をみて、おどろきました!

——肺門《はいもん》リンパ腺炎《せんえん》、一ケ年の静養《せいよう》を要す。

つまり、一年間学校を休んでよろしいと、お医者さまの許《ゆる》しがでたのです。

「ほっておくと、ロクマクになるんだって……だけど、ぶらぶらして、おいしいものをたべれば、じきになおるから、心配しなくていいわよ。」

「うん……」

お母さんは、ぼくをはげますようになぐさめてくれましたが、ぼくのほうはというと、診断書《しんだんしょ》をもらったとたんに、きれいさっぱり〈病気〉なんかふっとんで、いかにも病人らしいようすをするのに、苦労しました。

「あきちゃんは、早生《うま》れだから、もういっぺん四年生をやっても、おかしくないよ。一年休学で、ちょうどよかったのかもしれないね……」

非国民《ひこくみん》
国民としての義務《ぎむ》・本分に違反《いはん》する者。軍や国策《こくさく》に対して非協力的《ひきょうりょくてき》な者を非難《ひなん》する言葉

ロクマク
肋膜炎《ろくまくえん》。肺《はい》を包んでいる胸膜《きょうまく》に炎症《えんしょう》が起こる病気。胸膜炎《きょうまくえん》ともいう。痛《いた》みをはじめ、呼吸困難《こきゅうこんなん》、発熱、咳《せき》などの症状《しょうじょう》が現《あらわ》れる

お母さんは、なにもかも、おみとおしのようなことを、いいました。人一倍からだも小さくて、きびしい訓練《くんれん》にもついていけず、それが勉強にもひびいて、さっぱり通信簿《つうしんぼ》のほうもよくなかったぼくの悩《なや》みを、きっと察《さっ》してくれたのでしょう、お母さんはそれっきり、〈病気〉のことはいいませんでした。

ぼくは、昭和十九年の大部分を、家にとじこもってすごしました。おもてで、友だちのにぎやかな声がすると、ずきんと心がいたんで、おつかいにもいけなくなりました。ぼくは、一日じゅう、大学の先生をしていた父の書斉《しょさい》にいりびたりで、書棚《しょだな》の本を、かたっぱしから読みました。そのころは、子どもむけのやさしい本なんて、なかなか手にはいらなかったので、字さえ書いてあれば、なんでもよいと、「支那哲《しなてつ》学史《がくし》」だの、「孔子研究《こうしけんきゅう》」だの、漢字ばかりがならんだむずかしい本を、むさぼるように読みふけりながら、

——ずる休みをしてる……。

という不安な気持をまぎらわすのに、いっしょうけんめいでした。
考えてみれば、たった九歳《さい》のぼくには、これもたいへんな〈戦争〉でした。

2

昭和十九年の年の暮《くれ》に、ぼくたち一家は、広島県に疎開《そかい》することになりました。
その年の秋になると、B29の大群が、東京上空にあらわれて防空壕《ぼうくうごう》にとびこむ回数が多くなり、とうとう父ひとりを東京に残して、母と中学生の次兄と、五才の妹に、生まれたばかりの弟、それにぼくの一家五人は、父方のおじさんをたよって、生まれてからいっぺんもいったことのなかった土地へ、ひきうつることになりました。〈縁故疎開《えんこそかい》〉というやつです。

疎開《そかい》
空襲《くうしゅう》からのがれるために、安全な地方の農村などに移《うつ》り住んだり、財産《ざいさん》など大切なものを避難《ひなん》させること

B29
アメリカ軍の爆撃機《ばくげきき》。高い所を飛び、日本の飛行機では追いつけなかった

防空壕《ぼうくうごう》
崖《がけ》や斜面《しゃめん》をほるなどして作られた、避難《ひなん》するための穴《あな》や建築物《けんちくぶつ》

ぼくらのすみかになったのは、瀬戸内海《せとないかい》に面した小さな農漁村《のうぎょそん》の農家の納屋《なや》の二階でした。クリスマスのころに、やっとのおもいでおじさんの家にたどりついたものの、子だくさんのおじさんの家にはおいてもらえず、お正月の五日には、おいたてられるように、十六キロもはなれた遠くの村に、移《うつ》らなければなりませんでした。日本晴れの正月の空をあおぎながら、かまやら、たき木やら、衣類をつめこんだ小さな行李《こうり》をのせた大八車《だいはちぐるま》をおして、とぼとぼのぼりおりした山道の長さを、わすれることができません。

正月早々、お父さんが、あちこちさがしまわって、ようやくのことで貸《か》してもらった納屋《なや》は、みはらしのよい港のそばに建っていました。前には、絵のように美しい瀬戸内海《せとないかい》の海と島々《しまじま》……後ろには、一面に田んぼがひろがり、うねうねとつづくなだらかな山なみのふもとに、黒い煙《けむり》をはきだして走っていく呉線《くれせん》の汽車がみわたせました。

しかし、その汽車にのって、正月休みのおわったお父さんが、はるば

行李《こうり》
衣類や旅行用の荷物をいれるふた付きの箱。竹や柳《やなぎ》で編《あ》んでつくった

大八車《だいはちぐるま》
木製《もくせい》の荷物運搬《うんぱん》用の二輪車で、二〜三人でひく大《おお》型《がた》のもの

る東京へ帰ってしまうと、ぼくら四人の子どもとお母さんは、だれひとり身よりのいない村で、新しい生活をはじめなければなりませんでした。

いちばんこまったのが、水でした。東京では、水道の蛇口《じゃぐち》をひねれば、いくらでも水が出てきましたが、井戸もない納屋《なや》ぐらしをはじめたぼくらは、川の土手道を歩いて、村の共同井戸まで、水をくみにいかなければなりませんでした。家主《やぬし》に貸《か》してもらった、こわれかけた乳母車《うばぐるま》に、水おけを二つのせて、水くみにいくのが、ぼくの仕事になりましたが、でこぼこ道をおしてくると、おけの水はおもしろいようにあふれ出て、帰ってきたときは、半分も残っていませんでした。

中学生のお兄さんは、となり町の中学校にはいり、お母さんは、病気ばかりしていた弟の世話や、食糧《しょくりょう》の買いだしにかかりきりでしたので、学校にもいかずぶらぶらしていたぼくは、〈小さなお母さん〉になって、よくはたらきました。

年がら年じゅう、納屋《なや》のすみっこにつくってもらった台所にとじこもり、ごはんをたき、みそ汁《しる》をつくり、いった大豆《だいず》を石うすでひき、なれない手つきでつけものをきざむのが、ぼくの役目になりました。

朝暗いうちから起きだして、ほかほかにたきあげたごはんは、まずお兄さんがたべ、それから大きなおべんとう箱に、ぎゅうぎゅうつめこまれると、あらかたなくなって、残っているのは、かまのそこにこびりついたおこげばかり……お兄さんは〈産業戦士《さんぎょうせんし》〉として軍需工場《ぐんじゅこうじょう》にはたらきにいっているのだから、はらいっぱいたべなければ、お国のために役だつはたらきができない、と、うらめしそうにおこげをかじっているぼくに、お母さんはいってきかせましたが、そのお母さんだって、ぼくらがたべたおあまりしか、口にはいらないのですから、気のどくな話です。

——非常時《ひじょうじ》だ。がまん、がまん！

と、いくら自分にいってきかせても、きゅうきゅう鳴きわめくはらの虫はおさまらず、はやく中学生になって、あんなでかべんをもって、はた

軍需工場《ぐんじゅこうじょう》
兵器や爆薬《ばくやく》などの軍事に必要なものを生産、修理《しゅうり》する施設《しせつ》

らきにいきたいもんだと、それればかり考えました。

お母さんは、サツマイモを買ってきて、切《き》り干《ぼ》しをつくり、たべものに不自由をしているお父さんのために、だいじにとっておこうとしましたが、二階の物干場《ものほしば》にならんだイモは、みるみるうちになくなって、ゴザばかりが目だちました。もちろん、はらへらしのぼくや妹が、なまがわきのうちに、たべてしまうからです。

お米やイモは、なかなか手にはいらなくても、このへんでとれるミカンやブドウなら、お金さえだせば、いくらでも売ってくれました。ですから、冬ならばミカンが、夏ならばブドウが、へやのすみっこにおいた行李《こうり》のふたに、どっさりはいっていましたが、くる日もくる日も、ミカンやブドウを、死にものぐるいでたべすぎて、ぼくなぞは、今はもうあまりたべたくありません。

――一生の分を、疎開時代《そかいじだい》にくったんだ。

と、よくじょうだんをいいますが、じっさい、ブドウをたべすぎたあとなどは、頭の奥《おく》が、酔《よ》っぱらったようにしびれてきて、ひどく気分がわるくなりました。二日酔《よ》いの気分です。ミカンだって、あんまりたべると、すっぱいげっぷばかり出て、ミカンの海でおぼれたみたい……それに、きまっておねしょのおまけまでつくのですから、ひどいめにあいました。

お父さんは、ときどき、大きなリュックをかついで、やってきました。インクのにおいも新しい雑誌《ざっし》や本、ビオフェルミンやワカモトなどの薬、ぺらぺらののりやら、こんぶのつくだにのかおり……リュックの中から出てくるおみやげには、ぷーんとなつかしい東京のにおいがしみこんでいて、ぼくらの心をあつくしました。

あるとき、東京で配給《はいきゅう》になった砂糖《さとう》が、一袋《ふくろ》出てきて、宝《たから》くじにあたったみたいなさわぎになりました。なにしろ、このころの砂糖《さとう》ときたら、ダイヤモンドみたいな貴重品《きちょうひん》ですから、ぺろぺろなめちゃおうなんて、子どもだって考えませんでした。イモでも米でも、おなかのいっぱ

配給《はいきゅう》
米や味噌《みそ》、砂糖《さとう》などの食べ物や衣類などの物資が不足したため、世帯単位で配られる切符《きっぷ》と引きかえに商品を買うしくみ。十軒《けん》ほどのグループ（隣組《となりぐみ》）にまとめて配給され、当番が各家庭に分けた

いになるものと、とりかえっこしよう。くいしんぼうのぼくらは、そう考えました。

ちょうど、おじさんの家で、おもちつきをすることになっていましたので、この袋《ふくろ》いっぱいの砂糖《さとう》をもっていって、あんころもちととりかえっこしようということになり、ぼくは、いちばん大きなリュックサックに、いのちよりもだいじな砂糖《さとう》をいれて、おじさんの家へ出かけました。きっと、一袋《ふくろ》の砂糖《さとう》は、リュックいっぱいのあんころもちになるはずだと、信じて疑《うたが》わなかったのです。

十六キロの山道を歩いて、ようやくおじさんの家にたどりついたぼくは、ていねいに重箱《じゅうばこ》におさめた砂糖《さとう》の袋《ふくろ》を、おばさんの前にさしだしました。その箱をもって、すっと奥《おく》にはいったおばさんは、おなじ箱をもって、すぐに出てきました。リュックいっぱいのおもちなんて、どこにもありません。

「あのう……おもちを……」

ぼくは、あわてました。

「ごくろうだったね。その中に、いれといたよ。」

おばさんは、ちらっと重箱のふたを、あけてみせました。なんと、五つか六つのあんころもちが、砂糖《さとう》のかわりにつまっていました。

「……！」

このときの気持を、どういったらいいのか、わかりません。なるほど、砂糖《さとう》をおもちにとりかえてくれる約束《やくそく》はしてあっても、どのくらいかはきめてありませんでした。しかし、まさかこれっぽっちだとは、考えてもみなかったのです。重くてもちきれないくらいのあんころもちを、かついでかえる覚悟《かくご》をしてきたぼくには、砂糖《さとう》と同じ量のあんころもちなんて、ないと同じだったのです。

大きなリュックの底で、小さな重箱は、たぷんたぷん、ゆれました。ぼくは、あまりの軽さに、泣《な》くに泣《な》けない気持で、十六キロの山道を歩きました。

ぼくは、家に帰ったら、なんといおうかと、めっきり足が重たくなって、いつもなら目をそむけて通りすぎる、山の火葬場《かそうば》の白い煙《けむり》を、ぼけーとながめたりしました。

一月《ひとつき》か、二月《ふたつき》もするうちに、ぼくら東京もん、疎開《そかい》もんが、村の人たちから、どのように思われているか、子どものぼくにも、いたいようにわかってきました。

縁側《えんがわ》にだしておいた、切《き》り干《ぼ》しイモを、ぼくがぬすんだのだとうわさしていた、むかいの漁師《りょうし》のうちに、

「うちの子は、ぬすみなんかしません！」

と、母がまっさおな顔で、もんくをいいにいっても、近所の人たちの疑《うたぐ》り深い目つきは、なかなかかわりませんでした。こちらは、ぬすむというチエさえうかばなかったのに、どういうわけか、どろぼう猫《ねこ》のように、ぼくらのことを考えていたのです。

イチジクがぬすまれたの、畑の大根がひきぬかれたのと、ぜったいに

やっていないことまで、ぼくらのせいにされだすと、

――そんならやってやらあ！

と、わるい気をおこすもので、半年もたたないうちに、ぼくは村の悪童《あくどう》にまじって、タコつぼの中のタコやら、あみにかかった魚などを、平気でぬすむようになりました。

なにしろ、浜《はま》べのアサリ一つぶほじくりだしても、漁師《りょうし》につかまったら一大事です。タコつぼのタコをつかんだら、ぬるっとした手ざわりにおどろいて、うっかり手をゆるめたすきに、すたこらさっさとにげられたり、沖《おき》の定置網《ていちあみ》にかかった黒ダイを、泳ぐふりをしてはずしにかかったら、するどい背《せ》ビレで手のひらといわず、腕《うで》といわず、ずたずたに切られて血だらけになったり、やりつけないことをやるのですから、ずいぶんスリルがありました。

漁師《りょうし》にみつからないように、シャツの中におしこんで、必死のおもいでもってきた黒ダイは、ちゃっかり晩《ばん》のおかずにばけました。

「ほんとは、しからなくちゃいけないんだけどねえ……」

といいながら、ぬすんだ魚を焼いている、つらそうな母の後ろ姿《すがた》を、わすれることができません。うそやぬすみは、ゲジゲジよりきらいだと、たいそうきびしい母でしたが、こうでもしなければ、魚一匹《ぴき》、口にはいらないところまで、ぼくらは、追いつめられていたのです。

3

一年間の休学期間がすぎて、昭和二十年の四月に、村の国民学校の四年生になるはずでしたが、新しくぼくの担任《たんにん》になった、若《わか》い女の先生は、

「あきらさんは、勉強がすすんでいるから、むりにこなくてもいいです。家の用事があったら、えんりょなく休ませてください。」

と、母にいったそうです。

勉強がすすんでいるというのには、ちょっとしたわけがありました。

お兄さんが、疎開《そかい》荷物の中に入れてきた、中学講義録《ちゅうがくこうぎろく》（通信教育の教科書）があったのをさいわいに、ひまさえあればそれを読んでいましたので、小学校の勉強を通りこして、中学生の勉強をしていたのです。数学ならば、連立方程式《れんりつほうていしき》はすらすらとけましたし、漢文《かんぶん》や古文《こぶん》も、自由に読むことができました。歴史だって、日本史、東洋史、世界史と、ひとわたりの知識《ちしき》は、はいっていましたし、英語もちょっとあやしい発音ながら、中学三年くらいの英文なら、声にだして読むことができました。

こういうと、ぼくがたいへんな勉強家だったようにきこえるかもしれませんが、ほんとうは、読みたい本も手にはいらず、朝から晩《ばん》まで、子守《も》りやら、たき木ひろい、ごはんのしたくに、畑仕事と、はたらきづめにはたらいたぼくにとって、すこしのひまをぬすんでは、お兄さんゆずりの中学講義録《ちゅうがくこうぎろく》を読みふけるのが、たったひとつのたのしみでした。

こうして、勉強することだけが、娯楽《ごらく》で、息ぬきだったなんて、おもえば、かなしいことです。中学生の勉強を、十歳《さい》のうちにやってのけながら、戦後になって、ぼくがほんとうの中学生になると、小学生の読むようなマンガやら冒険小説《ぼうけんしょうせつ》を、気ちがいのように読みまくったのですから、どんなに読むことにうえていたか、わかるでしょう。ふつうなら、たいくつで、ちっとも読む気のおこらない数科書だって、なんにもない時代には、マンガや小説みたいにたのしい、すてきな読みものだったのです。

　戦争も終りに近づくと、お母さんは毎日のように勤労奉仕《きんろうほうし》にかりだされ、それにつれて、ぼくのほうだって、学校なんかそっちのけのいそがしさです。家にいるときは、いつもびーびー泣《な》きわめく弟をおんぶして、おしめをとりかえたり、おしめの洗《せん》たくをしたり、離乳食《りにゅうしょく》のおかゆをつくったり、〈小さなお母さん〉は、休むひまもありません。

　ようやくのことで、あかんぼが母の背《せな》にうつると、ぼくは山奥《やまおく》にかりた小さな段々畑《だんだんばたけ》にいって、ひとりぼっちで開墾《かいこん》しました。草ぼうぼうのまま、ほうりっぱなしになっていた山の畑にしがみついてやぶ草をかり、

気ちがいのように
気がくるったかのように。あるひとつのことに異常《いじょう》に熱中するようす。現在《げんざい》は差別《さべつ》用語とされ、使い方に注意が必要な言葉

勤労奉仕《きんろうほうし》
社会の利益《りえき》のために、お金をもらわずに働くこと

根っこだらけで掘《ほ》りにくい大地をたがやし、近所の農家にゆずってもらったサツマイモの苗《なえ》を一本一本植えていくのは、とてもつらかったけれど、たのしい仕事でもありました。

こうしておイモをつくれば、いじわるな農家の人たちに、ぺこぺこ頭をさげて、ゆずってもらわなくてもすむという、そういう希望《きぼう》もありましたが、それ以上に、ぼくを死にものぐるいにさせたのは、他人がきいたらわらいだしたでしょうが、おイモをつくることで、国家に奉仕《ほうし》したい、天皇陛下《てんのうへいか》のお役にたちたいという、いくじなしで役たたずだった国民学校落第生《らくだいせい》の必死《ひっし》のねがいでした。そのころ、食糧《しょくりょう》の増産《ぞうさん》をするということは、たいそう忠義《ちゅうぎ》なことでしたから、学校をさぼった分を、イモつくりで、とりかえそうとしたのです。

ぼくは、この非常時《ひじょうじ》に、仮病《けびょう》をつかって、学校をずる休みした自分を、けっして許《ゆる》そうとはしませんでした。それは、男らしくない、ひきょうなもののしわざだと、自分自身を恥《は》じていましたので、こうやって、腰《こし》の骨《ほね》をいたくしながら、一心《いっしん》に土をほじくりかえすことで、心の不安から、のがれたかったのです。

——天皇陛下《てんのうへいか》は、神さまだから、きっとぼくのやってることを、みててくださる……。

これが、すくいでした。ただもう、がむしゃらに荒地《あれち》をたがやし、お百姓《ひゃくしょう》さんのまねごとでもしなければ、〈戦争〉からおいてけぼりをくうみたいで、さびしくて、おそろしくて、いてもたってもいられませんでした。学校をにげだしたことで、だれひとり友だちがいなくなってしまったぼくにとって、今は、がちんと鍬《くわ》をはねかえす地面と、天皇陛下《てんのうへいか》だけが、ただひとつのたよりでした。

山の上の段々畑《だんだんばたけ》からみおろす瀬戸内海《せとないかい》は、すばらしいながめでした。〈春の海、ひねもすのたりのたりかな〉と、子どもながらも、おもわず有名な句《く》を思い出すくらい静かな海でした。それでも、春がすみにけぶって、すみ絵のように美しい島々《しまじま》のあいだから、鉄のかたまりみたいな軍艦《ぐんかん》が、ぬっと姿《すがた》をみせると、おもわず、どきんとしました。ここから、呉《くれ》の軍港はすぐ近くでした。

五月になって、あたり一面、ミカンの花のかおりがただよい、目にしみるような若葉《わかば》の季節《きせつ》になりますと、ずんぐりした胴体《どうたい》のグラマン戦闘機《せんとうき》が、がんがん、頭の上に飛んでくるようになりました。ちょうど、毒《どく》ガス島で有名になった大久野島《おおくのじま》が、すぐ沖《おき》にありましたので、そこめがけて急降下《きゅうこうか》していく敵機《てきき》の群れが、花に舞《ま》いおりる蜜蜂《みつばち》のように、くっきりみえました。

本土決戦をひかえて、いつの間にか、村の国民学校は、兵隊さんたちに占領《せんりょう》され、村の女の人たちは、松根油をとるために、松の根っこをほじくりかえすのにけんめいでした。飛行機を飛ばすガソリンがなくなったので、松の根から油をとろうとしていたのです。

しかし、そのころのぼくは、戦争に負けるなんて、すこしも考えませんでした。

グラマン戦闘機《せんとうき》
アメリカ海軍の戦闘機《せんとうき》。航空母艦《こうくうぼかん》から飛び立って日本中の都市を機関銃《きかんじゅう》で攻撃《こうげき》した

——日本は神国だから、だいじょうぶ！

と、心から思っていました。

どんなに敵《てき》が本土に近づいてきても、日本の連合艦隊《れんごうかんたい》が、どこかのほら穴《あな》にかくれていて、あっという間に、みな殺《ごろ》しにしてしまうだろうと、かたく信じていました。

八月六日の朝、家の前の道路に出たぼくは、遠い岬《みさき》の上に、ぴかっと輝《かがや》く星のような光をみました。まぶしい朝の光よりも、もっとまぶしいあやしい光でした。

それから、何日もたたないうちに、ホロをかけた軍用トラックが、何台も何台も、家の軒《のき》をかすめて、通りすぎました。

それは、広島で原子爆弾《げんしばくだん》にやられた人たちを、となり町の海軍病院にはこんでいくトラックでした。

ホロのかげから、なん本も血みどろの手が出ていた、という人もありました。水がほしくて、死にものぐるいで、腕《うで》をさしだすのだそうです。

連合艦隊《れんごうかんたい》
二つ以上の艦隊《かんたい》の連合で編成《へんせい》されたもの。とくに、日本海軍の主力艦隊《かんたい》のことをいう

原子爆弾《げんしばくだん》
ウランなどの原子核《げんしかく》を人工的に壊《こわ》し核分裂《かくぶんれつ》を起こすことで放出されるエネルギーで爆発《ばくはつ》させる新しい爆弾《ばくだん》。広島と長崎に世界で初めて投下された

頭の皮がやぶれて、骨《ほね》がみえていたとか、目がつりあがって、縦《たて》につい
ていたとか、ホロをかけたトラックにまつわるうわさは、心が寒くなる
ようなおそろしいものばかりでした。

八月十五日——ぼくは、日本が負けたことをしらせる、天皇陛下《てんのうへいか》の放
送をききませんでした。家にはラジオなんかなかったし、あいかわらず、
子守《こも》りや畑仕事にいそがしくて、それどころではなかったのです。

午後になって、いつもよりはやく帰ってきたお兄さんは、おーおー泣《な》
いていました。

「ちきしょう、負けたんだ！　日本が負けたんだ！」

お兄さんは、まっかに泣《な》きはらした目で、せかせかと階段《かいだん》をのぼった
りおりたりしながら、うわごとのようにうめいていました。

——なにを、ばかな！

ぼくは、まるっきり信用しませんでした。頭をかかえて、うずくまっ
てしまったお兄さんを、

――しっかりしろっ！

と、どなりつけてやりたいような気持になりました。天皇陛下《てんのうへいか》の放送もきいていないぼくには、そんなことは、デマかじょうだんのようにしか、きこえなかったのです。

その晩《ばん》から三日間、ぼくは母といっしょに、村の氏神《うじがみ》さまに、お百度《ひゃくど》参《まい》りにいきました。小さな弟を背中《せなか》にくくりつけて、星あかりの境内《けいだい》をいったりきたりしながら、ただもう火の玉のようになって、日本が勝つことを祈《いの》りました。天皇陛下《てんのうへいか》の無事《ぶじ》を祈《いの》りました。

たとえ、だれがなんといおうと、日本が戦争に負けるなんて、あってはならないことでした……。

4

昭和二十一年二月、ぼくは、なつかしい東京にもどってきました。

氏神《うじがみ》
同じ地域《ちいき》に住む人たちが共同で祀《まつ》る神様

なにしろ、すしづめの満員列車にのってきたので、京都あたりで小便が出たくなったのに、席をとられるのがこわくて、じっとがまんの子でしたので、どうにもおなかがパンクしそうになり、山手線《やまのてせん》の新大久保《しんおおくぼ》の駅でおりると、駅前の焼《や》け跡《あと》めがけて、じゃあじゃあやったのを、おぼえています。

——これが、焼《や》け跡《あと》か。

ようやく、だすものをだして、人心地《ひとごこち》がついたとき、ぼくは、まる焼けになった東京の姿《すがた》を、しみじみながめました。それは、きれいさっぱり、ぼうずがりにしたみたいな、さばさばしたけしきでした。

ぼくが、戦争に負けたのだということを、ほんとうにさとったのは、それよりすこし前、天皇陛下《てんのうへいか》とマッカーサー元帥《げんすい》がならんでうつっている写真を、新聞の第一面でみたときでした。開きんシャツみたいな軍服を着て、ひどくゆったりしているマッカーサー元帥《げんすい》にくらべて、よれよれのモーニングを着た天皇陛下《てんのうへいか》は、まるでおどおどしたようすで、みじ

マッカーサー
アメリカ陸軍元帥《げんすい》。戦後の日本占領《せんりょう》の連合軍総司《そうし》令官《れいかん》

元帥《げんすい》
軍隊の階級のひとつ。一番上の位《くらい》で全軍の総大将《そうだいしょう》

めったらしくみえました。

それまで、ぼくの頭にあった天皇陛下《てんのうへいか》は、命令にさからったものを、ぜったいに生かしてはおかない怪物《かいぶつ》みたいな生き神さまでした。しかし、そういうぼくのおもいをあざけるように、あまりにもよわよわしい、人のよさそうな天皇陛下《てんのうへいか》の写真をみてしまうと、なんだかだまされたような気がして、なにもかも信じられなくなりました。

——とにかく戦争はおわった……。

二月のすみきった空の下に、はてしなくひろがる焼《や》け跡《あと》をながめながら、ぼくは、きゅうに身も心も軽くなり、ふしぎなよろこびを感じていました。

——これで、ぼくは日本臣民でなくなったんだ。もう、だれからも、ずる休みしてたなんて、せめられはしない。

そういう、ほっとした気分でした。

ぼくは、まるぼうずの焼《や》け跡《あと》にむかって、さっと敬礼《けいれい》したくなりま

日本臣民
天皇《てんのう》に仕える日本国民

した。

　戦争時代に味わった、つらさ、かなしさ、くやしさ、ばかばかしさを、力いっぱい、手のひらにこめて、このときばかりは、だれよりもりっぱな敬礼《けいれい》が、できそうな気がしました。

　猫《ねこ》も犬も姿《すがた》をけし、きざきざな霜柱《しもばしら》を光らせながら、のっぺりとひろがる焼《や》け跡《あと》のあちこちから、新しい日本を呼《よ》ぶ、大地の叫《さけ》びがきこえてくるようでした。

　ぼくは、その大地にむかって、敬礼《けいれい》したかったのです。

　それから三十年たった今も、ぼくは、あのすがすがしい焼《や》け跡《あと》のけしきと、大地にこだました叫《さけ》びを、わすれることができません。ぼくが、〈ほんとうのぼく〉にめぐりあったのは、どうもこのときのようです。お国のためでも、天皇陛下《てんのうへいか》のためでもなく、〈ぼく自身のために生きるぼく〉にめぐりあったのは——。

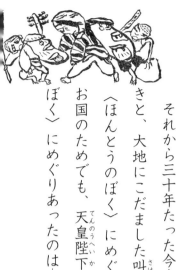

神風《かみかぜ》を信じて

早乙女《さおとめ》勝元《かつもと》

戦争に負けても生き残れる、という考えかたは、あのころのぼくたちにはなかった。

昭和二十年、太平洋戦争もどたんばになると、日本がアメリカに勝つというみこみは、ほとんどなかったが、もしも負けたときには死ぬときで、だから、敗戦《はいせん》のみじめさを感じなくてもすむと思ったものだ。死んでしまえば、なにもかもわからなくなるからである。

そして、その死は、一億玉砕《いちおくぎょくさい》というかたちでやってくるだろう。一億《いちおく》玉砕《ぎょくさい》とは、一億《いちおく》国民が玉と砕《くだ》けて自分から死ぬということだ。

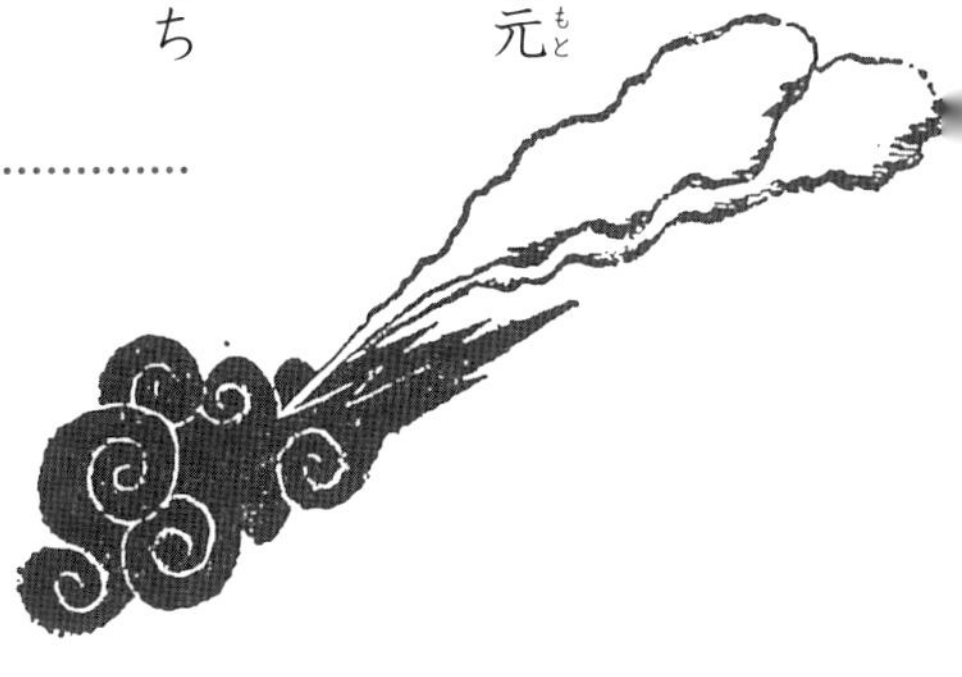

でも……と、ぼくは思った。

でも、もしかして、さいごのどたんばに神風《かみかぜ》が吹《ふ》いて、アメリカの飛行機や艦船《かんせん》が海のもくずと消えて、戦局《せんきょく》がいっぺんに大きく変わらないものか。

神風《かみかぜ》だなんていったら、今の子どもたちはみなゲラゲラ笑《わら》いだすだろうが、歴代天皇《れきだいてんのう》の名前を「じんむ、すいぜい、あんねい、いとく、こうしょう、こうあん……」とくりかえしたたきこまれ、日本は万世一系《ばんせいいっけい》の神国《しんこく》で、これにはむかってくる敵《てき》は人間ではなくて鬼畜《きちく》、つまり、鬼《おに》かけもののように教えられていた十二歳《さい》のぼくには、そのほかのことは少しも考えられなかったのだ。

わずか十二歳《さい》でも、ぼくたちは〝少国民〟といわれ、勤労学徒動員《きんろうがくとどういん》で学校から、近所の鉄工場にかり出されて、荒《あら》くれ男どもといっしょに、手榴弾《しゅりゅうだん》や、戦車の部品などを作っていたから、教室で勉強できるという自由はない。毎月一日だけが登校日ときまっていて、防空頭巾《ぼうくうずきん》をしょっ

神風《かみかぜ》が吹《ふ》いて
不利な状況《じょうきょう》でも、運に恵《めぐ》まれてうまくいくこと。神風とは神の威力《いりょく》によっておこる風

万世一系《ばんせいいっけい》
永久《えいきゅう》に一つの血すじが続くこと

神国《しんこく》
神々《かみがみ》が宿る国のことで、日本では、神である天皇《てんのう》がおさめる日本国のことをいった

少国民
小学生くらいの年少の国民。天皇陛下《てんのうへいか》に仕える小さな国民

て学校にいくと、運動場はイモ畠《ばたけ》だらけ、教室の机《つくえ》はほこりをかぶってまっしろだった。

先生たちは、声をからして、「がんばれ、敵《てき》も必死《ひっし》だ！」といい、「神《しん》国《こく》日本を守りぬくか、一億玉砕《いちおくぎょくさい》か、道はどちらかしかないぞ。」とさけんだ。だれも、一億玉砕《いちおくぎょくさい》の道をえらぶ者はいないから、たとえ石にかじりついてでも、この戦争に勝ちぬいて、天皇陛下《てんのうへいか》と神国日本《しんこく》を守りぬこうと、胸《むね》のおくにかたく決意《けつい》したのにちがいない。

だから、八月十五日の天皇陛下《てんのうへいか》の直接《ちょくせつ》のラジオ放送が、まさか、戦争にやぶれたことを知らせる放送だとは、夢《ゆめ》にも思わなかったし、信じられなかったのだ。

焼け残りの町に、たった一つだけあるラジオの前に、ぼくたちはむらがった。天皇陛下《てんのうへいか》が国民にうったえる〝重大放送《じゅうだい》〟ってなんだろう。ぼくは、かたずをのむ思いで耳をかたむけた。放送は雑音《ざつおん》がひどく、ピーピーとなって、かんじんの声はかすれてききとりにくく、言葉もむずか

勤労学徒動員《きんろうがくとどういん》
中等学校以上の学生や生徒が、生産の増強《ぞうきょう》や労働力の補充《ほじゅう》のために働いた

防空頭巾《ぼうくうずきん》
布《ぬの》の内側に綿《わた》などがつめられた、頭を守るためのかぶりもの

しく、なんのことやらさっぱりわからなかった。

突然《とつぜん》、ラジオをとりまいていた一人の青年が、骨《ほね》と皮《かわ》ばかりのやせた青白いほおをひきつらせて、さけんだ。

「戦争は終った、終ったんだ！　天皇陛下《てんのうへいか》がそういったぞ。」

終った？　ほんとにか？　ぼくは、全身金《ぜんしんかな》しばりにあったようにしびれてしまって、とっさに声も出ない。

「日本は勝ったんだ。勝ったんだよォ！」

「勝ったって？」

「ああ、そうだ、そうだとも。勝つか死ぬか、そのどっちかじゃねえか。おい、みんな、まごまごしてんな。おれら、ちゃんと生きてんだ。それで戦争は終ったんだ。だから勝ったんだ。神風《かみかぜ》が吹《ふ》いてくれたんだ！」

「神風《かみかぜ》じゃ、神風《かみかぜ》にちがいない……」

ぼくの横にいた老人がくちびるをふるわせ、おごそかな声でそういうと、ぼくもまた、そうかもしれないと思った。やっぱり、神国《しんこく》日本は大したものだ。負けそうなところまできても、天の神様がついている。神様が、救《すく》いの手をさしのべてくれたんだ。

しかし、その神風《かみかぜ》は、いつどこで吹《ふ》いたのだろう。

ぼくは考えた。いくら考えても、これまた、さっぱりわからなかった。わからないはずで、神風《かみかぜ》など吹《ふ》くはずはなく、日本が戦争に負けたというおそるべき事実《じじつ》を知らされたときのショックといったら、くらくらとめまいをおこして今にもたおれそうになった。戦争に負けて、おめおめと生きていることへのどうしようもない口惜《くちお》しさ、やるせなさもあったが、やはり神風《かみかぜ》は吹《ふ》いてくれなかったんだという思いで、はらわたがちぎれそうなほど悲しかった。にくらしくもあった。しかし考えてみると、もともと、神風《かみかぜ》なんてものがあるわけはない。

だれだ。そんなインチキなことをいい出したやつは……

神風《かみかぜ》は、むしろ、アメリカのほうに味方して吹《ふ》いたのだといえる。

ごうごうとうなりを上げて燃えさかる真紅《しんく》の炎《ほのお》を、これでもかこれでもかといわんばかりにあおった北風＝風速《ふうそく》三十メートルからの突風《とっぷう》こそ、敵《てき》にとっては、ねがってもない神風《かみかぜ》だったろう。ぼくは、その〝炎《ほのお》の夜〟を、きのうのことのように、まざまざと思い出すことができる。

あたり一面、まっ赤《か》だった。ぐるりと首をひとまわりさせてみても、暗いところなど一ヵ所もない。どこもかしこも、真紅《しんく》の炎《ほのお》がやみ空を焦《こ》がし、耳をつんざくような爆発音《ばくはつおん》が、たえまなしにひびく。東にも西にも、北にも南にも。Ｂ29の爆音《ばくおん》は頭上《ずじょう》をおおいつくして、ヒュルヒュルゴーッと、空気をひきさく音に、ザザーッと、夕立のような落下音《らっかおん》。みじかい炸裂音《さくれつおん》とともに、まぶたの裏《うら》に稲妻《いなずま》が走る。地面がゆれる。あたらしい火の手が、あすこにもここにも！

昭和二十年の三月十日は、昔の陸軍記念日《りくぐんきねんび》にあたっていた。敵《てき》のしかえしの大空襲《だいくうしゅう》があるかもしれない、といううわさが町に流れ、それなりの警戒《けいかい》はしていたのだが、九日夜半《やはん》に東京の上空を横ぎっていった敵《てき》Ｂ29二機が、南方洋上《なんぽうようじょう》に飛びさっていったものだから、今夜はこれで

Ｂ29
アメリカ軍の爆撃機《ばくげきき》

陸軍記念日《りくぐんきねんび》
明治三十八（一九〇五）年三月十日に日露《にちろ》戦争の奉《ほう》天《てん》会戦で勝利したことを記念して、翌年《よくねん》から陸軍記念日として制定《せいてい》。昭和二十（一九四五）年までは祝日《しゅくじつ》だった

終った、と思った人が多かったにちがいない。みなが安心してふとんにもぐり、寝《ね》ついたそのすきをねらって、約三百機ものＢ29が、腹《はら》いっぱいに焼夷弾《しょういだん》をかかえて、低空からまっしぐらに、東京の下町へとおそいかかったのだった。

まっ赤《か》に焼けただれた空に、黒い煙《けむり》はこうごうと吹《ふ》き流れ、目をあけていられないほど、火の粉《こ》がいっぱい。それはまるで火の粉《こ》の猛吹雪《もうふぶき》。

Ｂ29は地上の炎《ほのお》の反射《はんしゃ》に、その胴体《どうたい》を熱帯魚《ねったいぎょ》のように光らせながら、つぎつぎと焼夷弾《しょういだん》をぶちまけていく。ピカッときらめく青い光。とたんに無数の光が尾《お》をひいて黒い屋根の上に吸《す》いこまれ、またあらたな火の手がどっとあがる。

「これは、いつもとちがう。」

父がいった。

ぼくは、うなずいた。なんといったかはおぼえていない。

つぎに父が、炎《ほのお》と煙《けむり》をかきわけるようにして目の前にあらわれてきた

焼夷弾《しょういだん》
火事を起こすための爆弾《ばくだん》で、空中でひとつの爆弾《ばくだん》の中からたくさんの焼夷《しょうい》弾《だん》が飛び出し、火がついた状態《じょうたい》でバラバラになって降《ふ》ってきた

とき、

「ぐずぐずしてはおれんぞ。逃《に》げるんだ。」

といった。

「え？　逃《に》げるの？」

ぼくはきいた。火は消さなくちゃいけない。敵機《てっき》の空襲《くうしゅう》がどんなにひどくても、逃《に》げるのなんて……という、うしろめたいような気持ちが心のすみにあったのだ。父は、それにはこたえなかった。

「ふとんを……二階のふとんを、リヤカーに！」

「は、はい。」

ぼくは、無我夢中《むがむちゅう》でこたえた。

それから、ぼくたちは逃《に》げた。

向島《むこうじま》の町から、亀戸《かめいど》方面へと、南へ向《む》かって、大勢《おおぜい》の人びとともに、ものすごい火の粉《こ》の流れをかきわけ、はねのけながら走った。荷物を山積《やまづ》みにしたリヤカーのかじ棒《ぼう》を父がとり、その前後左右に、五人の家族がひとかたまりになって、しゃにむに走った。めったに目も口もあけられないような、おそろしい火の粉《こ》の激流《げきりゅう》だった。それは、大小無数の赤いつばめのように、うなりを上げ、風を切って飛んでくる。ぼくたち一家は、たがいに名をよびあいながら走ったが、その時間はみじかかった。

「あ、落ちてくる!」

ぼくの一歩前を走っていた男が、空をふりあおいでさけんだ。

ゴシッ!

と、耳の破《やぶ》れたような音。地底にひきこまれそうな爆音《ばくおん》。あわてて閉《と》じたまぶたの裏《うら》に、金色のせん光が走る。

焼夷弾《しょういだん》は、落ちてくる――とさけんだ男ののどに、火を吹《ふ》いて突《つ》きさった。その横を走っていた女の左肩《かた》をかすって、電柱にさきりこみ、あっという間に、あたり一面を地獄《じごく》のように変えてしまった。不思議《ふしぎ》にも一命をとりとめた四、五歳《さい》くらいの女の子が、身体中《からだじゅう》にかえり血をあびて、棒《ぼう》立《だ》ちになっている光景《こうけい》は、八月十五日のラジオ放送とともに、ぼくの記憶《きおく》の中から、きりきりと、鋭《するど》い音を立ててよみがえってくる。

空襲《くうしゅう》は、さらにつづいた。三月十日から四月十二日十三日とへて、五月二十五日へと。

町は、ついに見わたすかぎりの焦土《しょうど》と変《かわ》った。学校も工場も区役所も映画館《えいがかん》も、そして四つ角《かど》の交番さえも焼け落ちた。十万人からの尊《とうと》い生命が消えた。その十万人の中には、ぼくの友人たちも、先生も、向《むこ》う三軒両《げんりょう》どなりの人も、工場で働いていた朝鮮《ちょうせん》の青少年工たちもふくまれる。

朝がきても、ぼくはもう、どこにも行くところはない。

当分《とうぶん》、なにもかもがお休みだ。学校も工場もみな焼けちまえば休みになる……と心のどこかに、ひそかに考えていた夢《ゆめ》が現実《げんじつ》のものとなったとたんに、ぼくははっと気づいたのだった。失《うしな》ったものは、まだほかにもある。取るにたらないような、ごくささいなものも、ついでにみな消えてしまったのだ。

たとえば……そう……、背《せ》たけをしるして小刀《こがたな》できざんだ煤《すす》けた柱、金太郎の絵がもようになっていたフチのかけたお茶わん。雨もりが、おばけみたいにしみた天井《てんじょう》。そして下水から、ひょいと顔をのぞかせたドブネズミも、黒塀《くろべい》の北村さんの家のハゲ猫《ねこ》も、下駄《げた》の下にカタカタと鳴るくさったどぶ板も。たった一晩《ひとばん》で、十万人の生命とともに、ぼくの子どもらしさを支《ささ》えていた路地裏《ろじうら》が、みなきれいさっぱりと、消えてなくなってしまった。

あとは、のっぺらぼう。はてしもないひろがりと、ありあまった時間……。

街角《まちかど》と路地裏《ろじうら》を失《うしな》ったぼくは、もう子どもではなかった。子どものヌケガラとおなじだった。ただ、口に入るものだけを求めて、毎日あてもなく焼野原《やけのはら》の町をさまよっていたように思う。あまりの空腹《くうふく》にたえかねて、いっそこと、B29からの直撃弾《ちょくげきだん》が頭上《ずじょう》に落ちてくれないか、と爆音《ばくおん》の下にかくれもせずに、ふてくされて身をさらしていたこともある。死ねば腹《はら》がへらないですむからだ。三月十日の空襲《くうしゅう》はおそろしく、つらかったが、しかし火の海の中を逃《に》げたのは、たったの一晩《ひとばん》だった。食い物のないのは、一日だけではない。今日も明日も、あさってもと長くつづくのである。

　こんなつらい日々はなかった。

　動けば、なおさらのこと腹《はら》がへるので、ぼくはやがて防空壕《ぼうくうごう》の中にうずくまり、一食にたった三口ぐらいの豆カスだらけの米つぶを、一つぶもおとすまいとして口にいれると、長い時間をかけて、百回近くももぐもぐとかんでいた。まるでウサギのようだった。そのうち豆カスもムギも米も、ごっちゃまぜの液体《えきたい》になって、ひとりでにのどを流れていった。栄養失調《えいようしっちょう》で、手も足も、あちこちおできだらけになって、むかえた八月十五日。「一億《いちおく》もろとも玉砕《ぎょくさい》せよ」と天皇陛下《てんのうへいか》がいって、みなひと思いに死んでいくのかと思ったら、戦争は負けて、ぼくは生き残った。もうＢ29もこなければ、警報《けいほう》のサイレンも鳴らない。防空頭巾《ぼうくうずきん》もゲートルもいらない。そう思ってみても、なかなかピンとこない。ただ、ぎら

防空壕《ぼうくうごう》
崖《がけ》や斜面《しゃめん》をほるなどして作られた、避難《ひなん》するための穴《あな》や建築物《けんちくぶつ》

豆カス
油をしぼりとったあとの大豆をくだいたもの。しょうゆなどに加工されるほか、動物のえさにもなる

ゲートル
布《ぬの》や革《かわ》でできた巻《ま》きもの。足を守り、ズボンの裾《すそ》がからまなくなる

ぎらと燃《も》えるような太陽の直射《ちょくしゃ》に、しばらくは吐《は》く息だけを感じていたといっていい。夜になって、焼け残りの家に、ぽつんぽつんと、ためらうように電気の明りがともされたときの、まぶしいような思いは、ああ、これが平和というものだったか、と忘《わす》れかけていたなごやかな感情をよびさましてくれた。

ぼくは、ふかぶかと息を吸《す》いこんだ。すると、ちょっぴりは、空腹《くうふく》がみたされたようであった。

八月十五日は、ぼくの、第二の誕生日《たんじょうび》である。

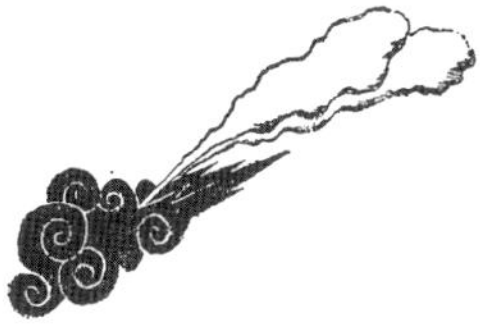

激流《げきりゅう》をこえて

漆原智良《うるしばらともよし》

■父を待つ！

北国の春はみじかい。

あたり一面を、まっ白いベールで包んでいた雪がとけはじめ、ばんだい山のふもとには、黄茶色のゼンマイがくるりとした顔をのぞかせると、そのあとを追うようにして、ワラビが芽《め》をふき出してくる。

ばんだい山が、猪苗代湖《いなわしろこ》に雄姿《ゆうし》の影《かげ》をおとし、その上を照りつける光は、もうまぶしい初夏のものであった。

雪がとけても、父はもどって来なかった。

「おばんちゃ、おとうさんは、ほんとうにもどってくるのだろうか？」

ぼくは、おばんちゃ（福島県では、祖母《そぼ》のことをこう呼《よ》ぶ）と一緒《いっしょ》に、ゼンマイやワラビをつみに来るたびに、父のことをたずねた。

「うん、もうすぐもどってくるべぇ……正夫《まさお》（ぼくの父）が、空襲《くうしゅう》の爆《ばく》弾《だん》にやられるなんてえこたぁぜったいにありゃせん。どこかに逃《に》げのびているんじゃ。心配すっこたねえべぇ。」

おばんちゃは、ゼンマイをかごに入れると、ゆっくりと腰《こし》をのばした。

「だけど……あれから二カ月もたっているんだよ。」

「だいじょうぶじゃ。とうちゃんは生きておる。」

おばんちゃは、うしろをふりむいてきっぱりといった。だが、ひたいに深くきざまれた、ふといしわの底には、あせりとかげりの色があることが、ぼくの目には、はっきりと映《うつ》っていたのである。

（父は、東京大空襲《くうしゅう》で死んでしまったのだろうか。）

リュックを背負《せお》い、ひょっこりと、猪苗代《いなわしろ》の停車場《ていしゃば》に降《お》り立つ父の姿《すがた》

東京大空襲《くうしゅう》
昭和二十（一九四五）年三月九日夜から十日未明にかけて、アメリカの爆撃機《ばくげきき》が東京の下町を中心に大量の焼夷弾《しょういだん》を投下した。ひと晩《ばん》で約十万人の人が亡《な》くなり、約百万人の人が家を失《うしな》った

を、きょうこそは、あすこそはと期待《きたい》していたぼくも、月日が流れるにつれ、しだいにいらだちを感じるようになってきた。

昭和二十年――当時、六年生だったぼくは、福島県ばんだい山のふもとにあるちいさな町、猪苗代《いなわしろ》のおばんちゃ（父の母）の家に疎開《そかい》していた。

それまでは、東京の下町、浅草観音《あさくさかんのん》さまのうらてにあたる千束《せんぞく》町に住んでいたのだが、その前年の夏に、学校から、

――東京にも敵機《てっき》が来襲《らいしゅう》するようになるだろう。将来《しょうらい》戦場に向かうきみたちのいのちは尊《とうと》い。したがって、知人、親類のあるものは、ただちに縁故疎開《えんこそかい》をしてほしい。それができないものは、二学期になったら、宮城《みやぎ》県松島《まつしま》に集団疎開《しゅうだんそかい》をおこなう。

と、命令がくだったのである。

母は、ぼくが四年生のとしに、連日連夜の防空演習《ぼうくうえんしゅう》（バケツリレーによる消火訓練《しょうかくんれん》・敵前上陸《てきぜんじょうりく》を想定《そうてい》しての竹ヤリ訓練《くんれん》……など）の過労《かろう》がも

疎開《そかい》
空襲《くうしゅう》からのがれるために、安全な地方の農村などに移《うつ》り住んだり、財産《ざいさん》など大切なものを避難《ひなん》させること。学童疎開《そかい》（集団疎開《そかい》）は、子どもだけが親元から離《はな》れて学校単位で行った政策《せいさく》

竹ヤリ
竹の先をとがらせて作った武器《ぶき》。女性《じょせい》をはじめとする戦争に行かない人も、竹ヤリで敵《てき》を倒《たお》す訓練をした

とで倒《たお》れ、ぼくと妹（当時五歳《さい》）を残してこの世を去っていた。

父は、陸軍省《りくぐんしょう》関係の仕事にたずさわっていたので、出征《しゅっせい》だけはまぬがれたのであるが、どうしても東京の地を離《はな》れることはできなかった。

「これも、お国のためだ。猪苗代《いなわしろ》は寒いところだが、がんばるんだぞ。猪苗代《いなわしろ》国民学校は、野口英世《のぐちひでよ》が出た学校だ。校訓《こうくん》はたしか〈至誠《しせい》〉と〈忍耐《にんたい》〉だったと思う。ともよしも、このことばをしっかりかみしめて生きるんだな。また、仕事のあい間をみては、会いに来るからな……」

父は、ぼくと妹をおばんちゃに預《あず》けると、こんなことばを残して、東京へもどって行った。

五年生の二学期から、ぼくたちは、猪苗代《いなわしろ》国民学校の生徒となった。しかし、そこでの生活は、ぼくが想像《そうぞう》していた以上にきびしいものであった。

授業《じゅぎょう》らしい授業《じゅぎょう》は、ほとんどおこなわれず、まい日が、食糧《しょくりょう》不足をおぎなうための農作業と、からだづくりのための軍事教練《ぐんじきょうれん》だけに、それが

出征《しゅっせい》 兵士《へいし》として軍隊に入ること

国民学校 昭和十六（一九四一）年、それまでの尋常《じんじょう》小学校と高等小学校は「国民学校」と変わり、初等科六年と高等科二年の八年制《ねんせい》となった

野口英世《のぐちひでよ》 伝染病《でんせんびょう》などの原因《げんいん》となる細菌《さいきん》を研究した学者

至誠《しせい》 この上なく誠実《せいじつ》なこと、まごころ

軍事教練《ぐんじきょうれん》 戦闘《せんとう》訓練

あてられていたのである。

学校のうら山の荒《あ》れ地開墾《ちかいこん》・児童が割《わ》りあてられて農家への手伝い・ばんだい山の中腹《ちゅうふく》からの材木運び・モッコをかついでの馬《ば》ふんひろい・教室でのナワない作業……東京の下町に育ち、農作業を体験したことも、見たこともないぼくにとっては、それらの仕事にたずさわる時、足かせをつけられた囚人《しゅうじん》が、ムチではたかれながら重労働にはげむ姿《すがた》にひとしかった。

いなかの生徒にくらべて、ぼくはいつもきまって、割《わ》りあてられた仕事の量の、半分にも満たなかった。そのたびに、仲間からは「そかいっぺは、だらしがねえ。」「おまえは、ただ食いする気だんべぇ。」「なまけていると、戦争に負けてしまうぞ。」と、ののしられ、いじめぬかれた。担任《たんにん》の先生までも〈疎開児童《そかいじどう》〉だからといって、甘《あま》くは見てくれなかった。

——うるしばらの精神《せいしん》をたたきなおしてやる。規定量《きていりょう》に達しなかったば

モッコ
縄や竹を編《あ》んでつくった土砂《どしゃ》などを運ぶ道具。四角い網《あみ》の四隅《よすみ》に、輪になった縄を付け、それを吊《つ》って持ち上げる

ナワない
わらなどをよりあわせ、縄をつくること

つとして、校庭を十周してこい！

ぼくは、歯をくいしばって、雪の上を素足《すあし》で走りまくった。（死んでもいい。東京へ帰りたい）そんな気持ちにさえなった。悲しさと、くやしさが入りまじって、涙《なみだ》もこぼれなかったほどである。

ぼくは、そのたびに父や、松島に集団《しゅうだん》疎開《そかい》している浅草の仲間たちへ、疎《そ》開《かい》生活の苦しみを便りに書いた。だが、父からの返事は、きまって「お国のためだ。がんばれ。忍耐《にんたい》、ということばをかみしめろ。」という内《ない》容《よう》のものであり、仲間たちからの返事は「ぼくたちも、ぞうすいや、なっぱをかじりながら強く生きています。日本が勝つ日は目に見えています……云々《うんぬん》」という、担任《たんにん》の先生の検閲印《けんえついん》が押《お》された、むなしい内容《ないよう》のものであった。

しかし、父からの便りも三月十日以降《いこう》、ぷっつりととだえてしまった。

昭和二十年三月十日——東京大空襲《くうしゅう》のニュースは、その日のラジオで知った。

検閲印《けんえついん》
手紙は、内容《ないよう》を調べられて、許可《きょか》がおりた手紙に印鑑《いんかん》が押《お》された。そのため泣き言や文句《もんく》を書くことができなかった

「おい、ともよし、この記事を読んでみろや。東京下町一帯が焼けたそうじゃよ。とうちゃんは、無事《ぶじ》に逃《に》げたとおもうがのう。」

よく朝、おばんちゃがまっ青な顔をして新聞をさし出した。

『B29百三十機帝都来襲《ていとらいしゅう》、深夜市街地《しんやしがいち》を盲爆《もうばく》』

見出しに目を落としたぼくは、くいつくようにして本文にとびこんでいった。そこには、東京下町地区が、ほとんど焼けてしまったことが報《ほう》じられてはいたが、死傷者《ししょうしゃ》の数《かず》は一行も記事として書かれていなかったのである（あとで知ったことだが実は、この日だけでも、十万人に近い人びとが、尊《とうと》いいのちを断《た》たれてしまったのである）。

日本は戦争に勝つ。父が東京からむかえに来てくれる。猪苗代《いなわしろ》の疎開《そかい》生活も、すぐ終わる——そう教えられ、信じこんでいたぼくにとって、この日のニュースは、鉄のくさりでからだじゅうをしばりつけられたように、重くのしかかってきた。

（もし、父がもどって来なかったらどうなるのだろう。両親が死に、家

B29
アメリカ軍の爆撃機《ばくげきき》。高い所を飛び、日本の飛行機では追いつけなかった

盲爆《もうばく》
特定の目標を定めず、むやみやたらに爆撃《ばくげき》すること

も焼かれてしまったら、ぼくたちは一生この猪苗代《いなわしろ》で、農作業にはげみながら暮《く》らすのだろうか。)

その日からぼくは、そんなことをずっと考えつづけるようになったのである。口にこそ出さなかったが『戦争の勝敗』など、どちらでもよい、とさえ思うようになった。

「正夫《まさお》は、かならず生きて帰ってくるべぇ。それまで、おばんちゃと静かに暮《く》らしていることじゃ。」

おばんちゃは、ぼそぼそとつぶやきながら、ゼンマイをさがしつづけていた。

■赤い雪

猪苗代《いなわしろ》町にも、東京で焼け出された人たちが、ぞくぞくと逃《に》げのびて来た。

「このごろ、おとうさん、てがみもくれないね。どうしたんだろうね？」

二年生の妹が、時おりぼくにたずねた。

「きっと仕事がいそがしいんだよ。戦争がはげしくなってきたから……」

「夏休みには、きっと会いに来てくれるね、おにいちゃん。」

「うん、きっと来てくれるよ。」

「なんのおみやげもって来てくれるかなあ。たべるものがいいね？」

「そうだね……」

あれから四カ月たった。空襲《くうしゅう》のことを、何も知らない妹から、父のことをたずねられるたびに、ぼくの胸《むね》はつまった。はっきりとした返答《へんとう》ができないことが苦しかった。

それでもぼくは、〈父が生きて帰って来る〉ことを信じて、浅草から猪苗代《いなわしろ》へ逃《に》げのびて来た人をたずねあるいて、当時のようすを確《たし》かめることに懸命《けんめい》であった。

――千束町《せんぞく》ねぇ。あそこは丸焼《まるや》けで、あとかたもないよ。なにしろ焼夷《しょうい》弾《だん》が、バラバラと落ちてきて、浅草は火の地獄《じごく》だったからね。私《わたし》は入谷《いりや》町から上野の山へ逃《に》げて助かったんだが、よく朝は黒こげの死体がゴロゴロところがっていて、思わず顔をそむけてしまったほどだよ。千束町《せんぞく》の人たちは、たしか、第一の避難《ひなん》場所が浅草観音《あさくさかんのん》さまのうらの公園、第二が地下鉄の駅だったと思うんだが、浅草公園には大型爆弾《おおがたばくだん》が投下《とうか》されたし、地下鉄の中には、煙《けむり》が充満《じゅうまん》して生きのびることはむずかしい。すみだ川に飛び込《こ》んだ人も、大勢《おおぜい》いたそうだが、あの人たちはどうなったかな……。

だれにたずねても、希望のもてる情報《じょうほう》は耳にとびこんでこなかった。猛火《もうか》の中を逃《に》げまどう父の姿《すがた》を想像《そうぞう》すると、胸《むね》がしめつけられてくることもあった。

そして、八月十五日――日本は戦争に負けた。

同級生たちは「ちきしょう、死ぬまで戦えばいいんだ!」「神風は吹《ふ》

焼夷弾《しょういだん》
火事を起こすための爆弾《ばくだん》で、空中でひとつの爆弾《ばくだん》の中からたくさんの焼夷《しょうい》弾《だん》が飛び出し、火がついた状態《じょうたい》でバラバラになって降《ふ》ってきた

神風
神の威力《いりょく》によっておこる風。不利な状況《じょうきょう》でも、運に恵《めぐ》まれてうまくいくことを「神風が吹《ふ》く」という

かなかったのか!」「日本が負けるなんて信じられない……」と、くやしそうな顔で、ささやきあっていた。が、ぼくは〈疎開学童《そかいがくどう》としての生活の苦しさ〉と〈父がもどってこないことの悲しさ〉が頭の中で交錯《こうさく》して、日本が戦争に負けたことのくやしさは、それほどこみあげてはこなかったのである。

「日本もいくさに負けてしまったか……正夫《まさお》も、もうもどってこないべぇ。」

その日、おばんちゃは、気がぬけたように仏壇《ぶつだん》の前に腰《こし》をおろすと、ぽつりとつぶやいて、はじめて手を合わせはじめた。

よく日には、

――おい、日本人はみんな、外国の兵隊に殺《ころ》されるんだとよ。

――いや、遠い国に連れていかれて、捕虜《ほりょ》として働かされるらしいぞ……。

というデマが、仲間たちの口から流れはじめていた。ぼくは〈殺《ころ》されて

捕虜《ほりょ》
敵方《てきがた》に捕《と》らえられた人。働かされたり殺《ころ》されたりもした。外国で捕虜《ほりょ》になった人は、終戦後すぐには帰国できなかった

も、捕虜《ほりょ》になってもいい。戦争に負けても、父や母はもどってこないんだ）と、半面やけになっていた。戦争という名の悪魔《あくま》は『多くの人びとの尊《とうと》いいのちを奪《うば》い、家を奪《うば》った。そして、今、浅草に育った弱々《よわよわ》しいひとりの少年を、きばをといだヒョウのような姿《すがた》に変身《へんしん》させよう』としているのであった。

戦争に負けた数日後、学校では生徒を全員召集《しょうしゅう》させた。まず夏の暑い太陽が、さんさんと照りつける校庭に、きちんと整列《せいれつ》した生徒の前で、校長はながながと「日本が戦争に負けたこと。つまらぬうわさに心を左右されず、しっかりと自分を見つめて生きること。食糧《しょくりょう》事情《じじょう》がきびしい中で、これからも力を合わせてがんばってほしいこと……」を強調《きょうちょう》した。

ついひと月ほど前に、ふんぞり返るようにして奉安殿《ほうあんでん》の前に立ち、なん度もひげをさわりながら、「戦局《せんきょく》は重大な時期にさしかかっておる。諸君《しょくん》もお国のためにいっそう奮励《ふんれい》努力《どりょく》せよ。」と、りりしく熱弁《ねつべん》をふるった校長の面影《おもかげ》は、そこにはなかった。

奉安殿《ほうあんでん》
各学校にあった、天皇《てんのう》・皇后《こうごう》の御真影《ごしんえい》（写真）や教育勅語《ちょくご》（教育の基本方針《ほうしん》・国民道徳の基準《きじゅん》を示《しめ》した明治天皇《てんのう》の言葉）を納《おさ》めていた建物炎天下《えんてんか》に立たされていたぼくは、十分もすると、何か血の気がひいていくのをおぼえ、目まいがしてきた。そっと仲間の列をはなれ、日陰《ひかげ》に向かってふらふらと歩き出した。生徒と向かいあって、横隊《おうたい》に並《なら》んでいた先生たちは、だれひとりとして「きさま、だらしないぞ！」と追ってはくなかったし、また「気分が悪くなったのか？」と声もかけてはくれなかった。ただうなだれて、校長の一言一句《いちごんいっく》をかみしめているようであった。モンペ姿《すがた》の女の先生は、目がしらを押《お》さえ、口を八の字にぐっととじて、悲しみをこらえているようであった。

ぼくは玄関《げんかん》の石段《いしだん》に腰《こし》をおろした。両ひざをかかえ、首をそこに落とした。校長の声と、うら山のセミの鳴き声だけが、とけあうようにして耳の底に迫《せま》ってくるだけであった。

父の姿《すがた》が目に浮《う》かんだ。（おとうさん、なんで死んでしまったんだ。ぼくは、これからどうやって生きていくんだ！　戦争はいったい誰《だれ》がはじめたんだ！）むしょうに腹《はら》が立ってきた。

横隊《おうたい》
横に列をつくって並《なら》んだ隊列

モンペ
ゆったりとした裾《すそ》を絞《しぼ》った女性《じょせい》用のズボン。動きやすく作るのも簡単《かんたん》。戦争中は政府《せいふ》による「モンペ普及《ふきゅう》運動」があり、ほぼ強制的《きょうせいてき》に着用した父と最後に会ったのは、二月上旬《じょうじゅん》であった。ぼくがあまりにも、いなかの農作業のきびしさや、雪国の生活に耐《た》えられそうもないことを手紙に書き、「浅草の仲間が集団疎開《しゅうだんそかい》している松島へ行きたい」ことを訴《うった》えたものだから、心配して猪苗代《いなわしろ》へやって来てくれたのである。

その時、父は、「集団疎開《しゅうだんそかい》がおまえの考えているほど甘《あま》いものではない。まい日せんたくもできず、シラミに泣《な》かされたり、たべるものも少なくて栄養失調《えいようしっちょう》になっている子どもが大勢《おおぜい》いるんだ。」とその生活のきびしさを、そっと語ってくれたあと、東京の地図をひろげ、

「東京は、このところ連日、敵機《てっき》におそわれているんだ。この街《まち》も、この街《まち》も、今は焼けてしまったんだ。」

と、赤エンピツでぬりつぶしていった。それから、東京の空襲《くうしゅう》が予想した以上に、はげしいことを語ったあと、

「東京の生活にくらべたら、雪国の農作業ぐらいなんでもない。東京の赤い雪は、人を殺《ころ》すが、猪苗代《いなわしろ》の雪はまっ白で、つめたいだけだ。い

くら、からだにあたってても平気だ。もうしばらくのしんぼうだからな……」

父は、ぽんとぼくの肩《かた》をたたいた。父が東京へ帰る日は猛《もう》ふぶきであった。二キロはなれた停車場《ていしゃば》までの雪道を、防空《ぼうくう》ずきんをかぶり、鼻の先をまっ赤にしながら、もくもくと父のあとにつづいた。

「一歩、一歩、力強くふみしめてあるけば、雪の道もなんでもない。」

背《せ》を丸めて歩く父のコートは、雪でまっ白であった。列車の窓《まど》ごしから、父はぼくに向かって敬礼《けいれい》をした。ぼくも直立不動《ちょくりつふどう》で返礼《へんれい》した。それからふたりは、ニッコリ笑《わら》った。それは、「おたがいにがんばろう」という笑《わら》いでもあった。

校庭がさわがしくなった。校長の話が終わったらしい。生徒の列が乱《みだ》れ、校門の方へ向かい出している。先生たちも職員玄関《しょくいんげんかん》へ足を向けている。ぼくは静かに立ちあがった。

「おにいちゃん、どうしたの？」

妹がとんで来た。

「うん、平気だ。ちょっと目まいがしただけなんだ。」

「戦争終わったんだね。校長先生が言っていた。それじゃ、おとうさん帰ってくるね？」

「いや、わからない。」

「どうして？」

ぼくの口からは、どうしても「父が死んだ」ということを妹には打ちあけられなかった。

玄関《げんかん》わきの掲示板《けいじばん》には、「敵《てき》、航空母艦《こうくうぼかん》二隻撃沈《せきげきちん》・戦艦《せんかん》一隻轟沈《せきごうちん》」というはり紙が、まだはがされないで、狂《くる》ったような光にさらされていた。ぼくは、それを横目でみつめながら、むなしさを感じた。

八月十五日――その日は、日本の歴史《れきし》の上では、たしかに、〈日本が戦争に負けた日〉である。だが、ぼく（いや、数《かず》多くの戦災孤児《せんさいこじ》もふくめて）にとっての八月十五日は、〈きびしい人生をのりこえていくため

戦災孤児《せんさいこじ》　戦争で親を亡《な》くした子どたも

の戦争が始まった日〉なのである。

それからの日本人は、今までせきとめられていた水が、一度にどっとダムから放水《ほうすい》された時の姿《すがた》に似《に》て、荒《あ》れ狂《くる》い、よじれあいながら大洋に向かって流れ出したのである。「食うために……」「もうけるために……」人びとはもがきあいながら流れていった。ぼくは、つねに片《かた》すみに押《お》し流され、雑草《ざっそう》や、岩場にたたきつけられながら生きていかなければならなかったのである。

■戦後の荒波《あらなみ》

ことしも八月十五日が近づいて来る。そのたびに、マスコミは、「戦争特集」を取りあげ、戦時中の想《おも》い出や、体験記録を掲載《けいさい》している。しかし、ぼくはむしろ〈戦争を契機《けいき》として、人びとの生活がどのように変わっていったのだろうか〉ということに関心をもっているのである。

日本の敗戦を契機《けいき》に、ぼくの人生は百八十度転換《てんかん》した。紙面《しめん》の都合《つごう》で、深くのべられないことは残念だが、日本の片《かた》すみで、ちいさくなって生きた、戦災孤児《せんさいこじ》の姿《すがた》を知った時、改めて〈戦争の悲惨《ひさん》さ〉を感じとってもらえるにちがいない。

敗戦後三カ月ほどして、ぼくと妹は母方の祖父母《そふぼ》に引きとられることになった。一年三カ月の疎開《そかい》生活に耐《た》えられなかったぼくは、祖父《そふ》の姿《すがた》を見るなり、「おじいちゃんのところに行きたい。」と、わめいて猪苗代《いなわしろ》を去ったのである。祖父《そふ》も戦時中は、東京に住んでいたのだが、空襲《くうしゅう》で焼け出され、知人をたよって、栃木県《とちぎけん》の山奥《やまおく》の、ちいさな村に逃《に》げのびていたのである。祖父《そふ》は邦枝完二《くにえかんじ》、川口松太郎《かわぐちまつたろう》などと共に、時代劇《げき》の脚《きゃく》本《ほん》を書いていたのだが、敗戦と同時に筆《ふで》を折《お》った。

老人と子どもでは、食糧事情《しょくりょうじじょう》の悪い東京にもどることもできなかった。二年後、やっと村をはなれ、栃木県《とちぎけん》の宇都宮《うつのみや》へ引っ越《こ》しては来たものの、祖父《そふ》の失業《しつぎょう》、病気——ぼくは、新制《しんせい》中学校を二年生の二学期で中退《ちゅうたい》して、商家奉公《しょうかほうこう》に出ることになった。「すまんなぁ、苦労をかけて。おまえが

新制《しんせい》中学校
昭和二十二（一九四七）年施行《しこう》の学校教育法に基《もと》づく中学校。戦後の教育改革《かいかく》によって、すべての男女に開かれた三年間の義《ぎ》務《む》教育

商家奉公《しょうかほうこう》
子どもや若者《わかもの》が住みこみで商家で働きながら仕事をおぼえること

働いてくれると、ひとり分の口（たべること）が助かるんだよ。」ぼくが、働きに出る日の朝、祖父《そふ》は玄関《げんかん》の土間《どま》で泣《な》いていた。

昭和二十三年、十三歳《さい》、ぼくの就職《しゅうしょく》第一号はノコギリ屋。勤務条件《きんむじょうけん》は、朝五時半から夜八時まで。休暇《きゅうか》は月に二日。給料《きゅうりょう》は休日前に二十円。主人を「親方《おやかた》」と呼《よ》ぶことであった。

――戦争さえなかったら……。

ぼくは四時半にとび起きて、暗い街《まち》の中をノコギリ屋へといそいだ。東京の下町で生まれ、育った、あお白いやせ細った少年が、朝早く「エィ、ヨーッ！」と、黄色い声をはりあげながら、ツチを握《にぎ》りはじめたのである。そんな生活が半年とつづかなかったことは、言うまでもない。それからのぼくは、ゲタ屋、電気屋、メリヤス工場、自転車屋……と、転々《てんてん》と職《しょく》の渡《わた》り鳥であった。ある時は、労働に耐《た》えられず、ある時は店が倒産《とうさん》してしまったのである。

ぼくが十六歳《さい》の時に、祖父《そふ》は世を去った。

ツチ
物をたたく工具

メリヤス
ニット（編《あ》み物）をメリヤスと呼《よ》んでいた。メリヤス工場では、メリヤス生地《きじ》や、肌着《はだぎ》、くつ下などが作られたそのころ、勤労《きんろう》青少年のために、夜学《よるまな》ぶことができる定時制《ていじせい》高校が誕《たん》生《じょう》した。ぼくは、そこで学ぶことを決心したが、なにしろ新制《しんせい》中学校を卒業していないので、〈定時制《ていじせい》高校受験の資格《しかく》がない〉という壁《かべ》にぶつかってしまった。その資格《しかく》を取るのに一年をついやし、十八歳《さい》の春に、宇都宮《うつのみや》の定時制《ていじせい》高校を受験《じゅけん》した。合格《ごうかく》はしたものの、こんどは職場《しょくば》の主人が通学をゆるしてくれない。ほかの工員の手前があるからというのが、その理由であった。ぼくは、ふたたび転職《てんしょく》することになった。

そのころから、「二十四の瞳《ひとみ》」をはじめとして、かず多くの小説にふれることによって〝戦争の矛盾《むじゅん》を考え〟〝真の生き方を発見しようと努力〟するようになった。

――ぼくは、戦争の犠牲者《ぎせいしゃ》となった。防空演習《ぼうくうえんしゅう》の過労《かろう》がもとで倒《たお》れた母。火だるまになって倒《たお》れたであろう父。こんなことを二度とくり返させてはいけない。それには、ぼく自身の手で次代《じだい》の子どもたちを育てよう。

こんな、情熱的《じょうねつてき》な考えが芽《め》ばえはじめたのも、そのころである。

二十四の瞳《ひとみ》
戦争が教師《きょうし》と生徒たちにもたらした苦難《くなん》と悲劇《ひげき》をえがいた、坪井栄《つぼいさかえ》の小説。多くの人に読まれ、映画《えいが》やドラマにもなった定時制《ていじせい》高校を卒業したのは、二十二歳《さい》の春。ぼくは東京の大学へ進学する決心をした。一年間無我夢中《むがむちゅう》で働き、大学への入学金を用意した。十万円ほどたまった。

昭和三十二年、ぼくは生まれ故郷《こきょう》、東京へ十三年ぶりでもどって来た。街《まち》はすっかり復興《ふっこう》していた。焦土《しょうど》と化したあの街《まち》のおもかげは、もうどこにもみあたらなかった。

それからのぼくは〈子どもたちとの生活〉を願って、法政大学夜間部《ほうせいだいがく》で猛《もう》勉強——卒業すると、みずから希望して、電気も、水道もない、商店も、医者もいない、ちいさな南の島・八丈小島《はちじょうこじま》（数年前無人島となった）の教師《きょうし》として赴任《ふにん》したのである。

にくい戦争が、ぼくに与《あた》えた運命《うんめい》を、ぼくなりに精《せい》いっぱいあゆみつづけてきたつもりであるし、これからも、子どもたちが戦争のために、ぼくのようなあゆみを二度とくり返すことのないように、ぼくなりに努力していくつもりでいる。

戦争体験者は五十代になった。戦災孤児《せんさいこじ》も四十代になろうとしている。ぼくたちおとなには、戦争で受けた打撃《だげき》を次代《じだい》の子どもたちに語り伝えておかなければならない義務《ぎむ》がある。

当時の〈庶民《しょみん》の叫《さけ》び〉〈庶民《しょみん》の苦しみ〉〈戦後の激動期《げきどうき》を生きた人びとの声〉が、今の子どもたちの心の底に伝わり『真の平和への願い』が認《にん》識《しき》された時にこそ、はじめて戦争の幕《まく》は閉《と》じるのである。

軍港のある町で

上野《うえの》瞭《りょう》

その朝、いつものように、ぼくらは舎前《しゃぜん》に整列した。

舎前《しゃぜん》というのは、寄宿舎《きしゅくしゃ》の前ということだ。

顔面神経痛《がんめんしんけいつう》の舎監《しゃかん》が、指揮台《しきだい》の上に立って、出勤前《しゅっきんまえ》の訓辞《くんじ》をはじめようとしていた。

ベベイ、ゲゲゲキメツノ、タタメ、キョキョキョキョモ、ゲゲゲゲンキニ、ガガバロウ……。

舎監《しゃかん》は、毎朝、おなじことをいう。顔をまっ赤にして、なんとかことばをすらすらだそうとする。ところが、ことばのほうはなかなか意地悪《いじわる》

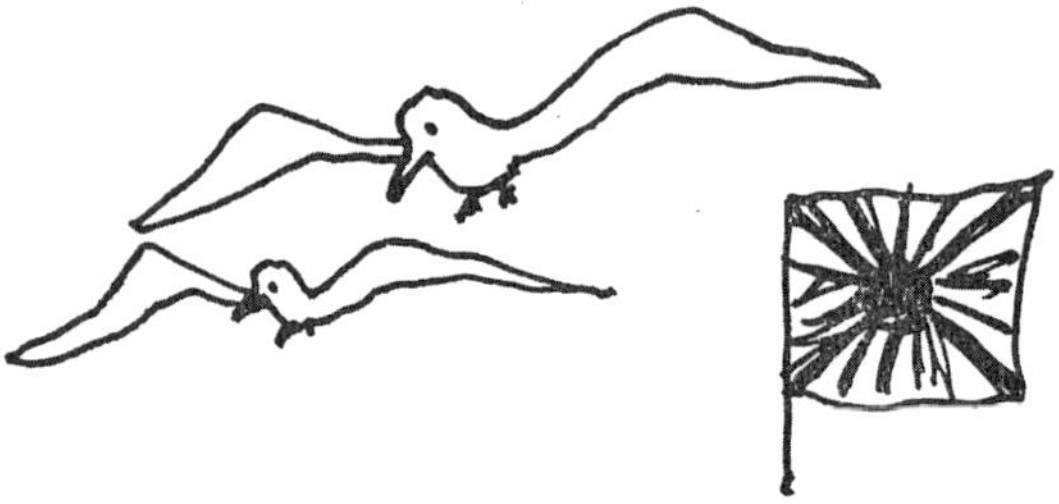

寄宿舎《きしゅくしゃ》 共同生活をするための施《し》設《せつ》
舎監《しゃかん》 寄宿舎《きしゅくしゃ》で生活している兵の指導《しどう》や監督《かんとく》をする人

で、舎監《しゃかん》の胸《むね》のあたりで腰《こし》をおろしてしまうのだ。それを必死ではきだそうとするから、舎監《しゃかん》は白目をむいてがんばってしまう。顔の半分をひきつらせ、今にも息のつまりそうなようすをする。今ではそうではないが、ぼくらは、はじめて舎監《しゃかん》のことばを聞いた時、がまんできなくなって、げらげら笑《わら》ってしまったものだ。ほんとうは、そんな時、まっ先になってぼくらをなぐりとばすはずのつきそいの教師《きょうし》も、ぼくらをなぐるかわりに、じぶんのくちびるをかんで笑《わら》いをこらえていた。

舎監《しゃかん》の命令で動く寄宿舎《きしゅくしゃ》要員だって、舎監《しゃかん》が何かいう時だけは、そっぽむいて、平気でにやにや白い歯を見せていた。

はじめから笑《わら》わなかったのは、甲板学生《かんぱんがくせい》だけではなかっただろうか。甲板学生《かんぱんがくせい》というのは、大学生のことなんだが、学校にいるあいだに、海軍の将校《しょうこう》になることを志望《しぼう》した連中だ。正式には、海軍士官予備学生《かいぐんしかんよびがくせい》という。その連中は、ぼくらの寄宿舎《きしゅくしゃ》の一室に寝起《ねお》きしていて、毎晩《まいばん》、ぼくらの点呼《てんこ》(全員集合して、人数を確《たし》かめたりすることだ)をとったり、

将校《しょうこう》
軍の階級のひとつ。戦闘《せんとう》部隊《ぶたい》の指揮《しき》や統率《とうそつ》にあたる幹部《かんぶ》

時には、「精神注入棒《せいしんちゅうにゅうぼう》」で、ぼくらのおしりをひっぱたいたりした。

「精神注入棒《せいしんちゅうにゅうぼう》」というと、何か特別《とくべつ》の道具のように聞こえるかもしれないが、ただの棒《ぼう》切れだ。要するに、姿勢《しせい》が悪いとか、返事のしかたがおそいとか、敬礼《けいれい》をしなかったとかいう場合、びしりとなぐる道具である。しかし、海軍では、その棒《ぼう》切れを、そんなふうにむつかしい呼《よ》び方をする。

「だらっとするな。たるんどる。」

そういっては、その棒《ぼう》切れで尻《しり》をぶったたく。ぶったたけばぶったたくだけ、「りっぱな精神《せいしん》」が「注入《ちゅうにゅう》」できる（はいる）という考え方だ。

ぶったたくほうは、それが親切のつもりかもしれない。大日本帝国《だいにっぽんていこく》の「りっぱな中学生」をつくっているつもりかもしれない。しかし、馬のように四つんばいになって、おしりをぶったたかれているほうはみじめで、天皇陛下《てんのうへいか》のために役に立つ「りっぱな日本人」になるつもりが、そうではなく、ほんとうの馬になっていくような気持がする。ぶったたかれたあと、ぼくらは、「ありがとうございました」とぶったたいた方にお礼をいうことになっている。馬にされて、ぶったたかれて、お礼のことばをいうなんて、ほんとうはばかばかしい話かもしれない。

しかし、それが「戦争」であって、「戦争時代」は、そうしたばかばかしいことが、じつは一番大事にされる時代なのだ。もし、それがいやなら、ぼくらは、もうすこしおそく生まれるしかない。でも、そんなことはできるはずがない。ぼくらはじぶんで生まれたのではない。

顔面神経痛《がんめんしんけいつう》の舎監《しゃかん》だって、もし別の時代に生きていれば、べべべべなどことばにつかえて、ぼくらに笑《わら》われることもなかっただろう。ぼくらもまた、朝の七時に舎前《しゃぜん》に集合して、顔面神経痛《がんめんしんけいつう》のゲゲゲゲという訓辞《くんじ》を聞く必要もなかっただろう。ぼくらはそれぞれの学校で、イングリッシュ・リーダーをつい立てがわりにして、こっそり昼寝《ひるね》をしていることもできたのだ。もしも、あの時……という考え方は、食べそこなったケーキに似《に》ている。もしもあの時、ぼくが生まれていなかったら、往《おう》復《ふく》八キロ以上の道を歩いて工場に通う必要はなかっただろう。甲板学生《かんぱんがくせい》の「精神注入棒《せいしんちゅうにゅうぼう》」や舎監《しゃかん》のことばとの格闘《かくとう》も知らなかっただろう。それだけではない。その朝、すぐあとに起こった事件《じけん》も見ないですんだだろう。

しかし、戦争はすでにはじまっていたのであり、ぼくらは舞鶴海軍工廠《まいづるかいぐんこうしょう》に動員された学徒であり、ついでにいうと、その時もう、顔面神経痛《がんめんしんけいつう》のことばにも笑《わら》えないほど、空腹《くうふく》と疲労《ひろう》でくたくたであり、ぼくらは中学生というよりも、ぼろぞうきんのようにうすぎたない姿《すがた》をしていたのだ。

「米英撃滅《べいえいげきめつ》のため、きょうも元気にがんばろう」という舎監《しゃかん》のことばが、べべべになろうが、ゲゲゲになろうが、その時のぼくらは、もうどうだってよかったのだ。空腹《くうふく》をごまかすために、ただひたすらに歩きたかったし、歩けばやがて工場に着くだろうし、工場に着けばやがて昼弁当《ひるべんとう》が出る。そのことだけを考えて、ぼくらは舎監《しゃかん》の訓辞《くんじ》の終わるのを

工廠《こうしょう》
軍隊直属《ちょくぞく》の軍需《ぐんじゅ》工場。武器《ぶき》や弾薬《だんやく》などを開発、製造《せいぞう》、修理《しゅうり》、貯蔵《ちょぞう》、支給《しきゅう》するための施設《しせつ》。造兵廠《ぞうへいしょう》とも呼《よ》ばれた

学徒
学生や生徒のこと。学徒動員で、中学校以上の学生が、生産の増強《ぞうきょう》や労働力の補充《ほじゅう》のために働いた

待っていたのだ。

「舎監《しゃかん》！　燃《も》えています！」

はじめ、そのことばを聞いた時、ぼくらはまだ、半分眠《ねむ》ったようにぼけっとしていた。三棟《むね》ならんだ宿舎《しゅくしゃ》の一番手前の入口から、寄宿舎《きしゅくしゃ》要員が一人とびだしてきた。ぼくらが舎前《しゃぜん》に集合したあと、一部屋一部屋、見まわって歩く係だ。木刀をかかえたその係員は、舎監《しゃかん》の立っている指《し》揮台《きだい》の下まで走ってきた。太陽はようやく白く燃《も》えはじめていた。一日が暑くなるだろうことを感じさせた。

「舎監《しゃかん》！　火事です。」

手をふるわせた係員は宿舎《しゅくしゃ》のほうを指さした。

ぼくらはそのことばを聞いても、すこしも騒《さわ》がなかった。係員の指さしている木造《もくぞう》二階建ての細長い宿舎《しゅくしゃ》は、何一つ変わったようすはなかった。しめられたガラス窓《まど》は、きらきら朝日に輝《かがや》いている。

「火事です！　燃《も》えています！」

係員はうそをついているのだろうか。ぼくらが一瞬《いっしゅん》そう思ったほど、そこには変わりない風景があった。舎監《しゃかん》は、ことばがのどにつまった時のように目を白黒し、それから、ぼくらとおなじように疑《うたが》わしげな顔をした。係員はまっ青になって、こんどはぼくらに叫《さけ》びかけた。

「早く！　火事だ！　二号舎《ごうしゃ》が燃《も》えている！」

二号舎《ごうしゃ》ということばに、ぼくらは呪文《じゅもん》のとけた人間のように体をふるわせた。

二号舎《ごうしゃ》。それはまちがいなく、ぼくらの宿舎《しゅくしゃ》だった。今、目の前に建っている宿舎《しゅくしゃ》は一号舎《ごうしゃ》である。一号舎《ごうしゃ》は、ぼくらとおなじ動員学徒の宿舎《しゅくしゃ》だが、福知山商業のそれである。園部《そのべ》中学がはいっている三号舎《ごうしゃ》とおなじく、ぼくら京都二商の寝起《ねお》きしている二号舎《ごうしゃ》は、一号舎《ごうしゃ》のむこうにかくれている。この舎前《しゃぜん》からは見えないのだ。ぼくらがそのことに気づいたように、舎監《しゃかん》もすぐにそれに気づいた。

舎監《しゃかん》は顔をふるわせると、何か叫《さけ》んだ。つぎには指揮台《しきだい》からとびおり一号舎《ごうしゃ》の入口めざして走りだした。その時すでに、ぼくらも走りだしていた。
一号舎《ごうしゃ》を抜《ぬ》けると、二号舎《ごうしゃ》とのあいだに雑草のはえた空地《あきち》がある。そ
こまで駆《か》け抜《ぬ》けてきたぼくらは、はじめて燃《も》えている部屋を見た。二階
左はしの部屋が火を吹《ふ》いていた。黒い防空《ぼうくう》カーテンも、天井《てんじょう》もまっ赤
だった。すぐにガラス窓《まど》がはじけとび、煙《けむり》が吹《ふ》きだした。明るい朝の光
の中で、それはうそのようにうすくきれいな煙《けむり》だった。ぼくらは、福知
山商業も園部《そのべ》中学も京都二商の区別もなく、いっしょになって二号舎《ごうしゃ》に
とびこんだ。自然とバケツ・リレーをはじめていた。しかし、火は天井《てんじょう》
裏《うら》の木組や電線を伝い、水をかけはじめた時には二階各部屋の上にひろ
がっていた。一瞬《いっしゅん》のうちにその火は二号舎《ごうしゃ》全体にひろがった。
ぼくらは空地《あきち》まで避難《ひなん》すると、二号舎《ごうしゃ》の燃《も》え落ちるのをながめた。屋
根がわらがはじけとび、無数《むすう》の火の柱だけになった宿舎《しゅくしゃ》は、やがて、
ゆっくり地上にくずれていった。消防車《しょうぼうしゃ》がやってきて放水をはじめた時

防空《ぼうくう》カーテン
敵《てき》の爆撃目標《ばくげきもくひょう》にならない
ように、夜でも光を建物
の外にもらしてはいけな
い灯火管制《とうかかんせい》という決まり
があったので、黒い布《ぬの》を
カーテンにした

には、もう建物の形など、どこにもなかった。

ぼくらはただつっ立って、くすぶるにおいをかいでいた。

憲兵隊《けんぺいたい》のサイドーカーが到着《とうちゃく》し、けぶっている焼《や》け跡《あと》にロープをはりめぐらした。憲兵隊《けんぺいたい》と前後して、海軍の将校《しょうこう》も到着《とうちゃく》した。舎監《しゃかん》が顔をひきつらせて警官《けいかん》と話しあっていた。しかし、ぼくらは空地でひざをかかえて夢《ゆめ》のつづきを見ているような気持だった。

つい今の今まで、そこにあった建物。ぼくらの寝起《ねお》きしていた宿舎《しゅくしゃ》。それがまっ黒な木切れのかたまりになって、思いだしたように煙《けむり》をあげているのがどうしても信じられなかった。ぼくらは（すくなくとも、そこを半年以上にわたってじぶんの寝起《ねお》きの場としてきた京都二商のぼくらは）ふいに何かが終わったように感じた。ぼくらは今夜から、もう眠《ねむ》る場所もないのだ。工場からもどっても、足をのばす部屋もないのだ。トランクも、毛布《もうふ》も、歯ぶらしも手ぬぐいも、一切合切《いっさいがっさい》、燃《も》えてしまったのだ。ということは、もうここにもどる必要がないということではな

憲兵《けんぺい》
陸軍で軍事警察《けいさつ》をつかさどる兵。私服《しふく》で任務《にんむ》を行うこともあった。しだいに権限《けんげん》を拡大《かくだい》して民間人の思想取り締《し》まりをするようになった

サイドーカー
サイドカー。オートバイや自転車などの二輪車の横にもう一台の二輪車を取り付けた変則的《へんそくてき》な三輪車。側車付二輪車

いのか。一号舎《ごうしゃ》も三号舎《ごうしゃ》も、焼け落ちた二号舎《ごうしゃ》同様、一室平均《へいきん》十人の生徒が寝起《ねお》きしている。これまでさえせまくてけんかの絶《た》え間《ま》のなかった寄宿舎《きしゅくしゃ》生活だ。ぼくらが、寝起《ねお》きする場所を失ったとすれば、もうどこにも、ここでは住む場所がないはずだ。ぼくらは、この寄宿舎《きしゅくしゃ》を出なければならない。出ていくとすれば、どこへいくのか。舞鶴海軍工廠直《まいづるかいぐんこうしょうちょく》属《ぞく》の寄宿舎《きしゅくしゃ》は、この中舞鶴《なかまいづる》だけではなく、東舞鶴《ひがしまいづる》にも西舞鶴《にしまいづる》にも、数えきれないほどある。しかし、どの宿舎《しゅくしゃ》も、動員された中学生や、徴用工《ちょうようこう》員《いん》でいっぱいだ。ぼくらのもぐりこめる余裕《よゆう》などまったくない。ぼくらが、突然《とつぜん》、焼けだされたということは、ぼくらだけが、この舞鶴《まいづる》からはみだしたということになるのではないのか。はみだしたものをどうするか……。

　ぼくらはおたがいに、口にはださなかったが、ふいに、京都に送りかえされるかもしれないと、ひそかに期待を抱《いだ》きはじめた。昭和十九年の夏、動員されてから、ぼくらは長いあいだ家に帰っていない。もうすぐ一年になるというのに、ぼくらは家族と切りはなされたままだ。ぼくらは、じぶんの町、じぶんの家にもどる日のことを、いつも頭の中で思い描《えが》いている。ここには「米英撃滅《べいえいげきめつ》のための戦争」があるが、京都にはのどかな別の世界があるように考えている。

動員解除《どういんかいじょ》。ぼくらは、その午後になって、ひとまず出勤《しゅっきん》せよという命令を受けた時も、今夜にも駅前に集合して、そのまま京都へ送りかえされるかもしれないと考えていたのだ。なぜ二号舎《ごうしゃ》が燃《も》えたのか。ぼくらはそのことをすこしも考えなかった。すくなくとも、ぼくは、まったく火事の原因《げんいん》など、指先ほども気にとめていなかった。

「ガス屋さん。すまんけど、これ切っててんか。」

その午後、工場にはいると、熔接《ようせつ》の仕事以外に切断《せつだん》の仕事が待っていた。工場の天井《てんじょう》を走る大型《おおがた》クレーンが、二十ミリの鉄板をぼくの前に運んできた。戦闘帽《せんとうぼう》をあみだにかぶった機罐部《きかんぶ》の工員が、ぼくの仕事に割《わ》

熔接《ようせつ》
二つの金属《きんぞく》を高熱で溶《と》かして継《つ》ぎ合わせること

戦闘帽《せんとうぼう》
略式《りゃくしき》の軍帽《ぐんぼう》。カーキ色の作業帽《ぼう》で、国民服を着るときにかぶった

りこんできた。

「班長《はんちょう》にはいうたあるのや。すまんがいそいで。」

二十ミリの鉄板が、ぼくの仕事台の上におろされた。鉄板には白いペンキで、大きな円が描《えが》いてあった。ぼくは、酸素《さんそ》ボンベにゲージをとりつけ、ゲージにバーナーのゴム・ホースをさしこむと、カーバイトからのゴム・ホースも確認《かくにん》した。

ガス屋というのは、ガス熔接係《ようせつがかり》ということだ。正式には、舞鶴海軍工廠《まいづるかいぐんこうしょう》造機部製工場《ぞうきぶせいこうじょう》ガス熔接班今枝分隊《ようせつはんいまえだぶんたい》という。舞鶴海軍工廠《まいづるかいぐんこうしょう》は、造兵部《ぞうへいぶ》、造機部《ぞうきぶ》、造船部《ぞうせんぶ》の三つにわかれていて、造兵部《ぞうへいぶ》では軍艦《ぐんかん》にとりつける機《き》関砲《かんほう》やその他の兵器、造機部《ぞうきぶ》では艦船《かんせん》の機関部分の製造《せいぞう》、造船部《ぞうせんぶ》ではドックを中心にして、艦船《かんせん》の組立てと修理《しゅうり》が行なわれている。各部に無《む》数《すう》の工場があって、その各工場の中に、さまざまな仕事場がある。ぼくら京都二商三年丙組《へいぐみ》の職場《しょくば》は、ボイラー製造《せいぞう》工場で、その中でも、ぼくと数人の仲間《なかま》は、ガス熔接班《ようせつはん》に編入《へんにゅう》されていた。

機罐部《きかんぶ》
機関（機械や電気など）に関する職務《しょくむ》のうち、罐《かん》（ボイラー）を扱《あつか》う担当《たんとう》

ゲージ
メーター、計量器

カーバイト
水と反応《はんのう》するとアセチレンガスを発生する炭化物。このアセチレンガスが、溶接《ようせつ》や切断に使われる。カーバイド

ドック
船の検査《けんさ》や修繕《しゅうぜん》、整備《せいび》をする場所

ボイラー
燃料《ねんりょう》を燃《も》やし水を温め、温水や蒸気《じょうき》を作る機械。軍艦《ぐんかん》の動力などになった

ガス屋は、グリーンの防塵眼鏡《ぼうじんめがね》をかけることになっている。鉄板を切《せっ》断《だん》する時、鉄片《てっぺん》がとび散るからである。高熱で熔解《ようかい》した鉄片《てっぺん》は、火花となって顔や手足にふりかかる。それが防塵眼鏡《ぼうじんめがね》の表面に付着《ふちゃく》して、眼鏡《めがね》のガラスを熔《と》かす。いったん付着《ふちゃく》した鉄片《てっぺん》は、いくらこすっても落ちることがない。手にはケンパスの手袋《てぶくろ》、足もとには鉄製《てっせい》のかこいを立てているが、火花は、いつもその上にとぶとはかぎらない。ぼくらガス屋の顔や手足は、小さなやけどの絶《た》え間《ま》がない。特に厚味《あつみ》のある鉄板を切断《せつだん》する場合、バーナーの火を強くするので、切断面《せつだん》から散る熔鉄《ようてつ》は大きかった。また反対に、五ミリ程度《ていど》以下のうすい鉄板の場合は、バーナーの火加減《ひかげん》がむずかしかった。ほんのわずかの熱量の違《ちが》いで、切断《せつだん》しなくていい部分まで熔《と》かしてしまうおそれがあった。

ぼくは、鉄板に描《か》かれた円形の中心にコンパスの軸《じく》を立てると、コンパスの先の輪にバーナーの火口をさしこんだ。バーナーには、ガスのつまみと酸素《さんそ》のつまみがある。最初ガスのつまみをひねり、火なわに近づ

ケンパス
帆布《はんぷ》とも呼《よ》ばれるしっかりした布《ぬの》、キャンバスのことか。厚手《あつで》のキャンバス製《せい》の手袋《てぶくろ》は、作業中の熱や摩耗《まもう》などの危険《きけん》から手を守る

ける。黒い小さな煙《けむり》をひいてアセチレン・ガスが燃《も》える。つまみ一つで、それは強くなったり弱くなったりする。その熱で鉄板を熔《と》かしはじめる。鉄板の一部に熱が浸透《しんとう》した時、ゆっくりと酸素《さんそ》のつまみをひねる。はげしい勢《いきお》いで、ガスの中心から酸素《さんそ》がふきだす。それが二十ミリの鉄板にまっすぐ穴《あな》をあける。あとは、コンパスの輪の中の火口を、静かな呼吸《こきゅう》をくりかえす要領《ようりょう》で前に押《お》していくだけだ。まちがいなく切断《せつだん》されているかどうかは、足もとに規則《きそく》正しく火花が散っているかどうかで確《たし》かめる。ぼくは、眼鏡《めがね》の奥《おく》から鉄板の中につき抜《ぬ》けていくバーナーの火を追い、息をつめるようにしてコンパスをまわしていった。切断《せつだん》が終わった時、工員がハンマーで軽く円をたたいた。鉄板の円形は、どさりと足もとに落ちた。ぼくは切り口にバーナーの火を近づけた。青く輝《かがや》く切断《せつだん》面に、美しいしま模様《もよう》があった。

「おい。つぎにこれをやらんとあかんのやぞ。昼から出てきて、ぼやっとしとったらあかんやないか。」

ぼくは今枝分隊長《いまえだぶんたいちょう》に肩《かた》をたたかれた。となりの仕事台を見る。すでに勝村《かつむら》や浅野《あさの》が熔接《ようせつ》にかかっていた。左手の仕事台でも、徴用工《ちょうようこう》の連中が熔接棒《ようせつぼう》をにぎっていた。ぼくは、小型《こがた》のバーナーにとりかえると、山づみになっているガソリン・タンクに手をのばした。今枝分隊長《いまえだぶんたいちょう》は、仕事台を一まわりすると、中央の仕事場にもどった。そこには、人間魚雷《にんげんぎょらい》の先端《せんたん》がすえてあった。分隊長は、この工場の熟練工《じゅくれんこう》だから、その仕事を一人でやっている。ときどき一等工員の伊藤《いとう》さんが手伝うことがある。

しかし、動員学徒であるぼくらは、○四艇《まるよんてい》と呼《よ》ばれる特殊兵器《とくしゅへいき》の、ガソリン・タンクの熔接《ようせつ》が仕事になっていた。

○四艇《まるよんてい》は、日本海軍が考えついた「決戦兵器」だ。小さなモーター・ボートの形をしているが、船体のほとんどすべてがベニヤ板でできている。その先端《せんたん》に火薬を満載《まんさい》して、アメリカ艦隊《かんたい》に突入《とつにゅう》するのである。鉄材の使用がすくないから、猛《もう》スピードがでる。敵《てき》の機銃掃射《きじゅうそうしゃ》の目をかいくぐって体あたりする。この○四艇《まるよんてい》を操縦《そうじゅう》する兵士《へいし》は予科練《よかれん》の生徒だと

徴用工《ちょうようこう》
日本の工場や炭鉱《たんこう》などに労働力として集められた朝鮮《ちょうせん》半島の人。募集《ぼしゅう》に応《おう》じて日本に来た人もいれば、「国民徴用令《ちょうようれい》」で動員された人もいた

人間魚雷《にんげんぎょらい》
乗った人間ごと体当たりし、命と引きかえに敵艦《てきかん》を沈《しず》める水中攻撃《こうげき》用の爆弾《ばくだん》（魚雷《ぎょらい》）と作戦

機銃掃射《きじゅうそうしゃ》
戦闘機《せんとうき》についている機関銃《きかんじゅう》で、人をなぎ払《はら》うようにねらい撃《う》ちすること

いわれている。海軍飛行予科練《よかれん》習生。つまり、飛行機乗りが、戦闘機《せんとうき》のかわりにモーター・ボートにのって走るのだ。ぼくら動員学徒の中学生は、波を二つに切って敵艦《てきかん》めがけて疾走《しっそう》する◯四艇《まるよんてい》、つぎの瞬間《しゅんかん》、火柱と水柱を立てて轟沈《ごうちん》する敵艦《てきかん》、そうした姿《すがた》は想像《そうぞう》したけれど、そこにのり組んでいる操縦兵《そうじゅうへい》たちの姿《すがた》は、ほとんど考えたことがなかった。

　それはほんの一瞬《いっしゅん》の間に、ぼくらの二号舎《ごうしゃ》が焼け落ちたのに、その火事の原因《げんいん》を考えようとしないことによく似《に》ていた。いや、宿舎全焼《しゅくしゃぜんしょう》といえば、その出来事がほんの今朝の出来事なのに、この工場に着いたとたんに、なにか遠い昔の出来事のように、ぼくの中であせていくのがふしぎだった。たぶん、不幸な出来事やまずい話は、できるかぎり知らせまいとする軍の方針《ほうしん》によるのだろう。ぼくらがいつもよりおくれて工場にはいった時も、そして仕事についてからも、工場のものはだれも、火事のことを口にしなかった。口にしなかったというよりも、まったくそれを知らないで、きのうとおなじように動きまわっていた。

工場の中には鉄粉《てっぷん》が舞《ま》い散り、グラインダーやクレーンのひびき、それに電気熔接《ようせつ》のするどい音がこだましていた。ぼくらにとって、(すくなくとも寝起《ねお》きの場所を失ったぼくら京都二商の三年生にとって)宿《しゅく》舎《しゃ》の全焼《ぜんしょう》は大事件《だいじけん》であり、ひょっとしたなら動員解除《かいじょ》か配置転換《はいちてんかん》のため、京都にもどれるかもしれないというすばらしい可能性《かのうせい》なのに、そのふくらんだ思いは、この工場では一枚《まい》の鉄板ほどにも考えられていなかった。たとえそうした出来事を、みんな知らされたとしても、だれ一人として手を休めたりおどろいたりはしなかっただろう。

「決戦だ! その手、その足、休めるな!」

「船だ! 銃《じゅう》だ! 飛行機だ!」

「増産《ぞうさん》! 工場も戦場だ!」

毎日の生産グラフの横に、ぼくらをじぶん自身の生活から切りはなすポスターが何枚《まい》もはられていた。

「進め! 一億《おく》、火の玉だ!」

「撃《う》ちてし止《や》まむ！」

ぼくらは、じぶん自身の考えを持って、すき勝手に暮《く》らすことは許《ゆる》されなかった。じぶんのことよりも工場のことを、そして、天皇陛下《てんのうへいか》や日本の国の戦争のことを考えなければいけなかった。アメリカの爆撃機《ばくげきき》B29の本土空襲《ほんどくうしゅう》ははじまっている。この舞鶴《まいづる》の上空に敵機《てきき》があらわれるのも時間の問題だ。そんな時に、寄宿舎《きしゅくしゃ》の一棟《むね》が焼け落ちたことなど、どうだというのだ。ぼくらが今朝の出来事を話そうと思っても、その前にまず仕事が待っている。ぼくも、浅野《あさの》も、勝村《かつむら》も、竹越《たけこし》も、おなじ焼けだされ組のガス屋なのに、ただ黙々《もくもく》とガソリン・タンクの熔接《ようせつ》をつづけるしかなかった。

ぼくらは、国語も英語も数学も、学校で習うはずのことはすべて習わなくなっていたが、この一年近い動員生活で、ガス熔接員《ようせついん》としての技術《ぎじゅつ》は充分《じゅうぶん》に身につけていた。バーナーを右手に、鉄板の接続個所《せつぞくかしょ》を赤く熱する。そこへ左手に持った熔接棒《ようせつぼう》を軽くふれていく。熔接棒《ようせつぼう》は、鉄板の

撃《う》ちてし止《や》まむ　敵《てき》を撃破《げきは》したら戦いをやめようという意味で、つまり「敵《てき》に勝つまでは戦いをやめない」ということ

B29　アメリカ軍の爆撃機《ばくげきき》

接続部《せつぞくぶ》で熔《と》けて小さなまるい山型《やまがた》をつくる。その上へ、つぎへ進むようにして熔接棒《ようせつぼう》を熔《と》かしていく。バーナーの火先《ほさき》を、熔解《ようかい》部分で小さくまわしながら進める。二ミリか三ミリのうすい鉄板の場合、うっかりすると大きな穴《あな》をあけてしまう。あわてて熔接棒《ようせつぼう》をふれると、変にでかい山《やま》型《がた》をつくってしまう。鉄の赤熱《しゃくねつ》した具合を直感的にとらえる必要がある。

ぼくはその午後、二号舎《ごうしゃ》の焼け落ちたことを考えたり、だれもそのことを話さないことですっぽかされた気持になったりして、何度か失敗をした。しかし、二時間残業終了の六時三十分のベルが鳴った時、今朝の出来事は、ずっと小さくうすれていた。

工場裏手《うらて》の海岸では、海防艦《かいぼうかん》のリベット打ちがつづいていた。その横に、傷《きず》だらけのイ号潜水艦《せんすいかん》が灰色《はいいろ》の船体を休めていた。夜勤《やきん》工員の出勤《しゅっきん》する中を、ぼくらは隊伍《たいご》を組んで、寄宿舎《きしゅくしゃ》にむかって歩きだした。

その夜、ぼくらは一室二十名で寝《ね》た。園部《そのべ》中学、福知山商業の生徒の

海防艦《かいぼうかん》
防備《ぼうび》をおもな任務《にんむ》とする軍艦《ぐんかん》

リベット
穴《あな》に差しこんで、圧力《あつりょく》をかけて固定する金属《きんぞく》の鋲《びょう》

潜水艦《せんすいかん》
水中航行《こうこう》が可能《かのう》な軍艦《ぐんかん》

寝起《ねお》きしている部屋の一部があけわたされた。一室十名が限度《げんど》の部屋に、二十名が寝《ね》るということは大変だった。体と体を、おたがいねじこむようにして眠《ねむ》るのだ。汗《あせ》と機械油のにおい。それに、一週間に一度か二度の入浴《にゅうよく》しかできないための足のむれたにおい。ぼくらは、そうしたにおいにつつまれて安らかに眠《ねむ》った。ぼくらはまた、一人一人が相当数のシラミやノミを身につけている。そのため、眠《ねむ》っているあいだも、常《つね》にじぶんの体をひっかいた。しかし、そうしたことはたいしたことではない。ぼくらは舞鶴《まいづる》にきて以来、いつだってくさくてきたなくって不自由な思いをしているのだ。今さら頭と他人の足がくっついているからといって、さわぎたてるほどのこともない。そんなひまがあれば眠《ねむ》るにかぎるのだ。空腹《くうふく》を忘《わす》れるためにも、ぼくらはすばやく眠《ねむ》ろうとする。それに、明日になれば、あるいは動員解除《かいじょ》の達しがあって、京都にもどれるかもしれないではないか。そのためなら、二十名が三十名になっても、ぼくらは気にかけないだろう。いや、気にかけるもなにも、ぼくらはとにかく疲《つか》

隊伍《たいご》を組んで
隊列を組み、足並《な》みをそろえて

れきっている。ぼんやりと何か考えようとした時は、もうぐっすり眠《ねむ》りこんでいた。

つぎの日、ぼくらはいつもとおなじように朝を迎《むか》えた。

総員《そういん》起こし五分前！　総員起床《そういんきしょう》！　食事当番集合！　食事集合！　出勤《しゅっきん》十分前！　舎前《しゃぜん》集合！　つぎつぎかかる号令にしたがって、ぼくらは人形のように行動した。顔面神経痛《がんめんしんけいつう》の舎監《しゃかん》が、顔をひきつらせて訓辞《くんじ》した。四キロの道のりを工場へ通い、〇四艇《まるよんてい》のガソリン・タンクを熔接《ようせつ》するのもおなじだった。もし、一つだけ違《ちが》っているものがあるとすれば、それは、二号宿舎《しゅくしゃ》がなくなっていることだった。舎前《しゃぜん》集合の直前、ちらっと見たことだけれど、焼《や》け跡《あと》の中で、数人の憲兵《けんぺい》や警官《けいかん》が、砂《すな》こしに使うざるのようなものをかかえて、何かをさがしていた。太陽は白く、一日は暑かった。ぼくらはきのうとおなじように、二時間残業が終ると、宿舎《しゅくしゃ》へもどった。つきそいの先生も、仲間のだれも、京都に帰れる話などしなかった。それは、口にだすとすぐに消えるシャボン玉のように思えた。

一号舎《ごうしゃ》の入口あたりに、人のかたまっているのが見えた。ぼくらは舎《しゃ》前《ぜん》までくると隊列をくずした。入口付近にかたまっているのは、先に帰着した福知山商業の生徒だった。ぼくらは駆《か》けよると、福商生の肩《かた》ごしに玄関口《げんかんぐち》をのぞきこんだ。木刀をにぎった寄宿舎《きしゅくしゃ》要員の一人が、こっちにむかってどなっているのが聞こえた。

「いいか、おまえたち。この玄関《げんかん》を通り抜《ぬ》けるものは、こいつをなぐっていけ。このばか野郎《やろう》こそ、きのうの火事の犯人《はんにん》だ。この非常時《ひじょうじ》に、おまえたちの中の一人は、天皇陛下《てんのうへいか》のたいせつな寄宿舎《きしゅくしゃ》を一つ焼いてしまったのだ。こいつは国賊《こくぞく》だ。非国民《ひこくみん》だ。おい……」

福知山商業の生徒のあいだから、ぼくらがのぞいているのに、その木刀の男は気づいた。

「京都二商のばかものどもだな。さあ、帰ってきたのならもっと前へ出ろ。そして、こいつの顔をよく見るんだ。」

国賊《こくぞく》
国の利益《りえき》を害《がい》したり、価《か》値《ち》をおとしめる者

非国民《ひこくみん》
国民としての義務《ぎむ》・本分に違反《いはん》する者。軍や国策《こくさく》に対して非協力的《ひきょうりょくてき》な者を非難《ひなん》する言葉ぼくらは、その男の横に、うなだれたまま つっ立っている一人の中学生を見た。木刀の先で、寄宿舎要員《きしゅくしゃ》のその男は、立っている生徒の顔をおしあげた。ぼくらは一瞬《いっしゅん》息をのんだ。まちがいなく、ぼくらのクラスの小山だった。火事です……ということばで、ぼくらが二号舎《ごうしゃ》に駆《か》けつけた時、赤く火を吹《ふ》いている二階左はしの部屋に寝起《ねお》きしている一人だった。ぼくらが息をのんだのは、火事の犯人《はんにん》がその小山だということだけではなかった。もちろん、その時、そういえば今朝、小山や、その部屋のものがいなかったなと気づいた。しかし、そのことよりも、ぼくらがはっとしたのは、小山の顔のあまりにもひどい変わりようだった。いつも陽気《ようき》に口笛《くちぶえ》を吹《ふ》いていた小山。すこし不良《ふりょう》っぽい態度《たいど》で、人をばかにしたようにすごんでみせる小山。その見なれた小山の顔が、青ぐろく二倍にはれあがっていた。

ぼくらのずっとあとで知ったことだが、それは小山が、警察《けいさつ》や憲兵隊《けんぺいたい》でなぐられたためにはれあがったものだった。小山は、じぶんを一人前のおとなに見せるために煙草《たばこ》を吸《す》っていたのだが（煙草《たばこ》といっても、おとなでさえ配給《はいきゅう》でほんのわずかしか手にはいらない時代だ。トウモロコシの葉っぱや時には乾燥《かんそう》させた松葉を紙にまいて吸《す》っていたという）それが火事の原因《げんいん》だった。小山は電球のソケットからコードを防空《ぼうくう》カーテンの中に引き、そこへ電気マッチをとりつけたのだった。舎前《しゃぜん》集合の合図がかかった時、小山はその電気マッチをつけたままにしてとびだした。火はカーテンに燃《も》えうつり、それが二号舎《ごうしゃ》を全焼《ぜんしょう》させることになった。憲兵隊《けんぺいたい》や警察《けいさつ》は、焼《や》け跡《あと》の中からその証拠《しょうこ》をひろいだした。そして、ぼくらが工場で仕事にとりくんでいる時、すでに小山は取り調べを受け、その顔を二倍にはれあがらせていたのだ。

寄宿舎《きしゅくしゃ》要員は、ぼくらをにらみまわした。

「おまえたちは、このばかとおなじ学校だ。この非国民《ひこくみん》の国賊《こくぞく》と、おまえたちは仲間だ。おまえたちの仲間に、一人でもこんなばかがいたということは、おまえたちの共同責任《きょうどうせきにん》だ。おまえたちも非国民《ひこくみん》ということだ。

配給《はいきゅう》
米や味噌《みそ》、砂糖《さとう》などの食べ物や衣類などの物資《ぶっし》が不足したため、世帯単位で配られる切符《きっぷ》と引きかえに商品を買うしくみ。十軒《けん》ほどのグループ（隣組《となりぐみ》）にまとめて配給され、当番が各家庭に分けた

電気マッチ
電気コードの先に取り付け、電気でコイル（らせん状《じょう》に導線《どうせん》を巻《ま》いたもの）を発熱させ、火をつける道具

おい、京都二商のばかものども。非国民《ひこくみん》といわれてくやしければ、りっぱな日本人だという証拠《しょうこ》を見せてみろ。じぶんの部屋にもどる前に、こいつをなぐっていけ。それもできないやつは、こいつとおなじ国賊《こくぞく》だ。さあ、思いっきりなぐってみろ。」

ぼくらは、そのことばに胸《むね》をどきどきさせた。非国民《ひこくみん》。国賊《こくぞく》。それは、ぼくらが日本人ではないといわれたのとおなじだった。いや、日本人どころか、人間でさえないといわれたのとおなじだった。ぼくらは空腹《くうふく》も疲《つか》れも忘《わす》れて、立ちすくんでいた。突然《とつぜん》、福知山商業の生徒が一人、小山の前に出た。小山のはれあがった顔をなぐりとばした。

「非国民《ひこくみん》！　動員学徒のつらよごし！」

まるでそれが合図のように、ぼくらの中から、だれかがとびだした。浅野《あさの》だったかもしれないし、勝村《かつむら》だったかもしれない。一人が小山をなぐると、つぎの一人も小山をなぐっていた。なぐるじぶんをおそれるように、ぼくらは、かたまりあって、他人のうしろから、腕《うで》をふりあげた。

ぼく自身、なぐっているじぶんを見られることをおそれて、ただ、こぶしをつきだしていた。

「学校の恥《はじ》だ！　反省しろ！」

だれかが大声でどなっていたが、それはだれだってよかった。たとえ、ぼくがそうどならないにしても、ぼくがそういったのとおなじだった。ぼくらは、ほんとうに「学校の恥《はじ》」などと考えていただろうか。つい今の今まで、すこしでもたくさんめしの盛《も》ってある食器をとること、あるいは、こんどの火事で京都に帰れるかもしれないなど、まったく別のことを考えていたのだ。決戦時代の中学生としては、そうした考えこそ反省する必要があったのだ。それをまるで忘《わす》れたように、ぼくらは、小山をなぐり、小山をののしった。ぼくらは、そうしたじぶんに気づくのが恥《は》ずかしかったのかもしれない。その恥《は》ずかしさをかくすために、よけいに大声をあげて、小山をなぐったのかもしれない。小山は何度も廊下《ろうか》にたおれ、とめどなく鼻血を流した。

ぼくらは小山をなぐることで、やっと部屋にもどることを許《ゆる》された。小山を、ぼくらとは別の非国民《ひこくみん》とののしることで、やっと夕食を食うことができた。小山は暗い玄関口《げんかんぐち》に一晩《ひとばん》立たされていた。小山がそうして一人立っていることで、ぼくらはやっと安眠《あんみん》できた。悪いのは小山だ。小山が悪い。ぼくらは、そう思うことで、やっとふつうの日本人でいられたのだ。

つぎの日、ぼくらは出勤《しゅっきん》の途中《とちゅう》で、汽車の前にとびこんだ水兵を見た。舞鶴海兵団《まいづるかいへいだん》に入隊した新兵だということだった。線路のむこうの山かげから、その水兵は、走ってくる汽車の前にまっすぐとびこんだのである。汽車は急停車《きゅうていしゃ》し、そのまま汽笛《きてき》を鳴らしつづけていた。その汽笛《きてき》が、悲《ひ》鳴《めい》のようにあたりにひびいた。朝の作業中だったのだろう。まっ白な水兵服の男たちが、モッコをかついで汽車のまわりに集まっていた。ぼくらは隊列を組んで、そのすぐ横を歩いていった。ぼくらには、自殺《じさつ》したその男が、海兵団《かいへいだん》の水兵ではなく、あの小山のように思えた。ぼくらは

水兵
海軍《かいぐん》の兵士《へいし》。主に軍艦《ぐんかん》を運行させるために軍艦《ぐんかん》に乗って働いている人

海兵団《かいへいだん》
軍港の警備《けいび》、兵の教育や訓練などのために陸に設《もう》けられた海軍の部隊

モッコ
縄や竹を編《あ》んでつくった土砂《どしゃ》などを運ぶ道具。四角い網《あみ》の四隅《よすみ》に、輪になった縄を付け、それを吊《つ》って持ち上げる

おたがい、口にはださなかったが、おなじことを考えていた。

太陽は白く、その日も暑くなりそうだった。ぼくは、なぜその水兵が自殺《じさつ》したのだろうと考えた。小山のようにこっそりと煙草《たばこ》を吸《す》って、海《かい》兵団《へいだん》の宿舎《しゅくしゃ》を焼いてしまったのではないだろう。別の何かがあったのだろう。しかし、それが何であるにしても、そこにはきっと「非国民《ひこくみん》」とののしられるようなことがあったのだろう。それはまちがいないように思えた。

非国民《ひこくみん》。ぼくらは日本国民である。それなのに、日本国民ではないといわれること、それほど、悲しくつらいことはない。ぼくらは、そういわれないために、小山をなぐったり、汽車にとびこみ自殺《じさつ》をしたりする。あの○四艇《まるよんてい》にのる予科練《よかれん》も、あるいはそのために敵艦《てきかん》に体あたりするのかもしれないのだ。そして、ぼくらもまた、今、日本帝国《にっぽんていこく》の国民であることを証明《しょうめい》するために、工場にむかいつつある。

昭和二十年、七月の舞鶴《まいづる》は、白く暑くけだるかった。右手の海に、軍《ぐん》

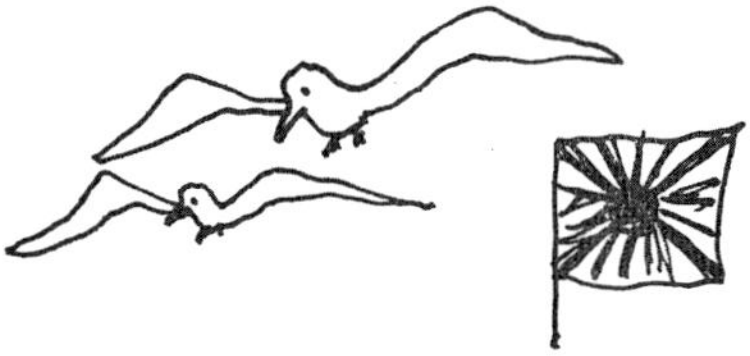

艦旗《かんき》をかかげた巡洋艦《じゅんようかん》がいかりをおろしていた。

……

執筆者紹介（収録順）

今西《いまにし》祐行《すけゆき》

大正12年10月28日～平成16年12月21日　大阪生まれ
おもな作品に『すみれ島』（偕成社）『一つの花』『とりになったはっぱのはなし』（ともにポプラ社）『肥後の石工』『浦上の旅人たち』（ともに岩波書店）など

北畠《きたばたけ》八穂《やほ（やお）》

明治36年10月5日～昭和57年3月6日　青森生まれ
おもな作品に『鬼を飼うゴロ』（実業之日本社）『あくたれ童子ポコ』（光文社）『木のすず・土のすず』『草なめどんべえ』（ともにあかね書房）など

長崎《ながさき》源之助《げんのすけ》

大正13年2月19日～平成23年4月3日　神奈川生まれ
おもな作品に『ゆきごんのおくりもの』（新日本出版社）『ひろしまのエノキ』『なきむしようちえん』（ともに童心社）『つりばしわたれ』（岩崎書店）など

さねとうあきら

昭和10年1月16日～平成28年3月7日　東京生まれ
おもな作品に『ゆきこんこん物語』『地べたっこさま』（ともに理論社）『ジャンボコッコの伝記』（小学館）『やまのねこやしき』（教育画劇）など

斎藤《さいとう》博之《ひろゆき》

大正8年5月25日～昭和62年3月8日　旧満州奉天生まれ
おもな作品に『しらぬい』『がわっぱ』（ともに岩崎書店）『風の神とオキクルミ』（小峰書店）『カッパと三日月』（あかね書房）など

早乙女《さおとめ》勝元《かつもと》

昭和7年3月26日～令和4年5月10日　東京生まれ
おもな作品に『ベトナムのダーちゃん』『三月十日のやくそく』（ともに童心社）『東京大空襲』（岩波書店）『絵本 東京大空襲』（理論社）など

漆原智良《うるしばら　ともよし》

昭和9年1月19日～令和4年4月15日　東京生まれ
おもな作品に『風になったヤギ』（旺文社）『火のカッパ』（国土社）『ふるさとはヤギの島に　八丈小島へ帰りたい』（あかね書房）など

上野瞭《うえの　りょう》

昭和3年8月16日～平成14年1月27日　京都生まれ
おもな作品に『ちょんまげ手まり歌』『わたしの児童文学ノート』『ひげよ、さらば』（ともに理論社）『目こぼし歌こぼし』（あかね書房）など

戦火の中の子どもたち
——あの日を忘《わす》れないで

山下明生《やましたはるお》

「この道はいつか来た道……」戦後まもなく、学生たちの戦争反対のデモで、この童謡《どうよう》を合唱していたのを思い出します。戦争への道を二度とたどってはならないという願いをこめて、歌われていたのです。

その戦争から今や八十年がすぎました。戦争への道が、しだいに近くなっているように思えるこのごろです。

——空襲警報《くうしゅうけいほう》、防空壕《ぼうくうごう》、学徒出陣《がくとしゅつじん》、学童疎開《がくどうそかい》、戦災孤児《せんさいこじ》、原爆被爆者《げんばくひばくしゃ》……。

戦争に関するたくさんの言葉が、消えかかっています。皆《みな》さんのおじいさんやおばあさんが子どものころに経験《けいけん》した戦時下の記憶《きおく》が、忘《わす》れ去られています。

今の平和な時代を守り通すためには、あの戦争の日の犠牲《ぎせい》を無駄《むだ》にしてはいけない。そんな切実な思いから、『子どものころ戦争があった』『わたしの8月

15日』の二冊を出版したのが、昭和四十年代の終わりころでした。

「戦争の一番の犠牲者《ぎせいしゃ》は子ども」とは、よくいわれますが、この体験記を読み返すたびに、戦争中の子どもたちのきびしい生活がよみがえり、胸《むね》を打ちます。

あの体験集から、はやくも半世紀《はんせいき》が経過《けいか》し、筆者もご高齢《こうれい》となり、亡《な》くなられた方も多数いらっしゃいます。このたび、戦後八十年を迎《むか》えて、三冊《さつ》に再編《さいへん》集《しゅう》された記念出版《しゅっぱん》をすることになりました。この貴重《きちょう》な体験の記録を、改めて世に送ることができます。ひとりでも多くの読者が、この本を通じて、戦争と平和について真剣《しんけん》に考えてくれるよう、心から願っています。

この「あとがき」をまとめていた矢先、「核兵器《かくへいき》のない平和な世界」を訴《うった》えつづけてきた日本原水爆被害者団体協議会《にほんげんすいばくひがいしゃだんたいきょうぎかい》（被団協《ひだんきょう》）が、二〇二四年度のノーベル平和賞《しょう》を受賞《じゅしょう》しました。平和を熱望する人びとに、勇気と希望を与《あた》えてくれる、すばらしいニュースです。

令和七（二〇二五）年三月

装丁　　　株式会社アンシークデザイン
編集協力　平勢彩子

未来に残す・児童文学作家と画家が語る戦争体験　3

あの戦火を忘れない（選録）

2025年3月10日　初版

あかね書房　編集

発行者　岡本光晴
発行所　株式会社あかね書房
〒101-0065　東京都千代田区西神田3-2-1
電話　03-3263-0641（営業）
03-3263-0644（編集）
https://www.akaneshobo.co.jp
印刷所　錦明印刷株式会社
製本所　株式会社ブックアート

NDC916　175p　22cm×16cm　ISBN 978-4-251-09800-9